La vida en las organizaciones: el aprendizaje como acción colectiva

Diseño de tapa:
JUAN PABLO OLIVIERI

ERNESTO GORE

La vida en las organizaciones: el aprendizaje como acción colectiva

GRANICA

ARGENTINA - ESPAÑA - MÉXICO - CHILE - URUGUAY

ARGENTINA
Ediciones Granica S.A.
Lavalle 1634 3º G / C1048AAN Buenos Aires, Argentina
granica.ar@granicaeditor.com
atencionaempresas@granicaeditor.com
Tel.: +54 (11) 4374-1456 ☎ 1158549690

MÉXICO
Ediciones Granica México S.A. de C.V.
Calle Industria N° 82 - Colonia Nextengo - Delegación Azcapotzalco
Ciudad de México - C.P. 02070 México
granica.mx@granicaeditor.com
Tel.: +52 (55) 5360-1010 ☎ 5537315932

URUGUAY
granica.uy@granicaeditor.com
Tel: +59 (82) 413-6195 - Fax: +59 (82) 413-3042

CHILE
granica.cl@granicaeditor.com
Tel.: +56 2 8107455

ESPAÑA
granica.es@granicaeditor.com
Tel.: +34 (93) 635 4120

www.granicaeditor.com

ISBN 978-987-8358-35-2

Hecho el depósito que marca la ley 11.723

Impreso en Argentina. *Printed in Argentina*

Gore, Ernesto
   La vida en las organizaciones : el aprendizaje como acción
colectiva / Ernesto Gore. - 1a ed revisada. - Ciudad Autónoma
de Buenos Aires : Granica, 2021.
   240 p. ; 22 x 15 cm. - (Management)

   ISBN 978-987-8358-35-2

   1. Recursos Educacionales. I. Título.
CDD 306.43

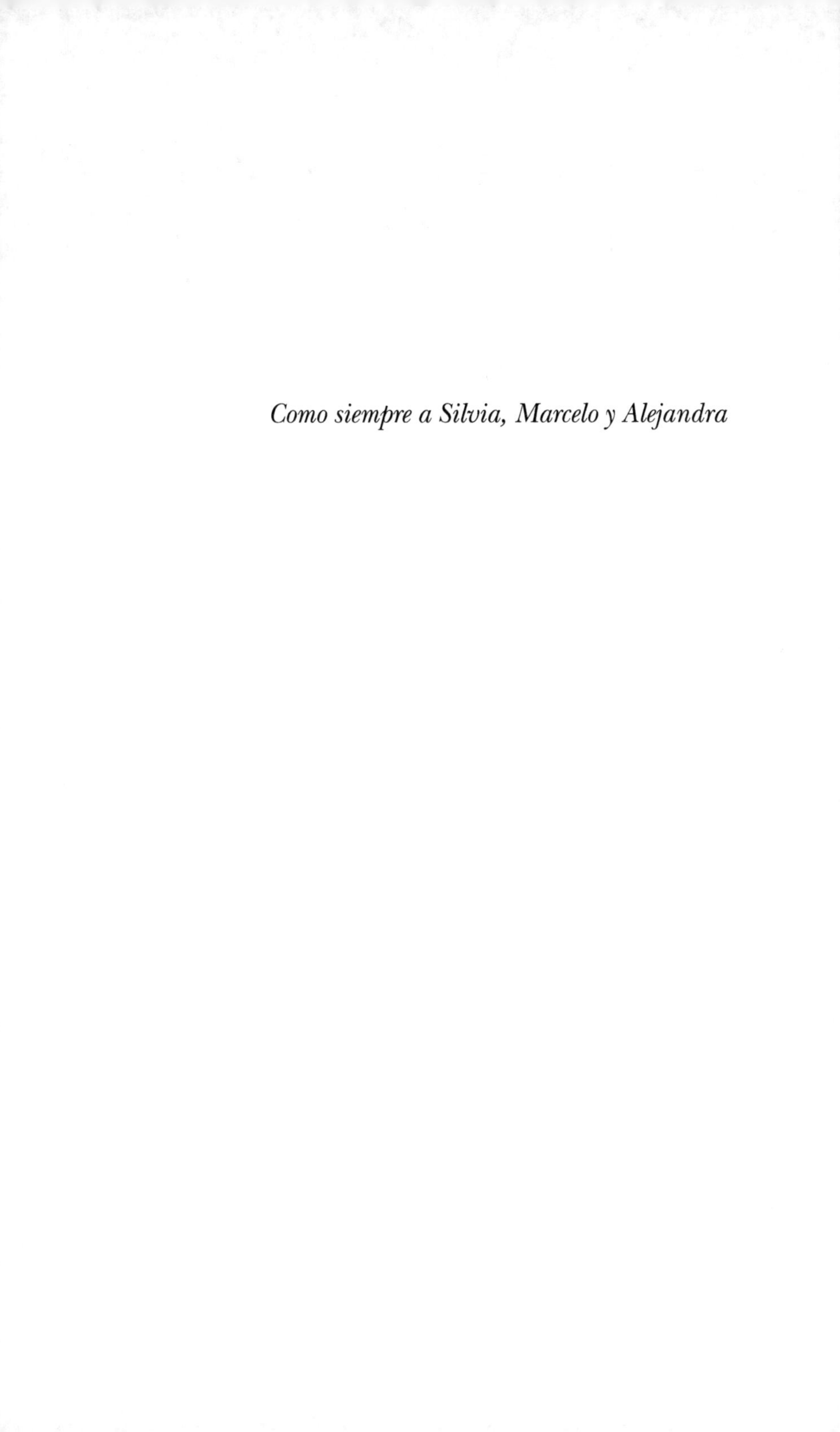

Como siempre a Silvia, Marcelo y Alejandra

Índice

Índice de figuras

Prólogo

Los apuntes que nutren este libro han surgido de mi experiencia como docente, investigador y consultor en el campo del desarrollo organizativo de empresas, museos, universidades, escuelas, organizaciones sin fines de lucro y organismos públicos. Sin embargo, me propongo que estos aprendizajes puedan trascender el campo de la administración y ayudarnos a entender mejor el aprendizaje como acción colectiva.

A lo largo del texto, hablaremos de las instituciones y de su administración, sin embargo no me he propuesto que este sea un manual sobre cómo manejar organizaciones. Desde fines del siglo XIX lo que se escribe en este campo de la vida humana es presentado como si se tratara de un problema técnico. Como si la infinidad de cuestiones derivadas del hecho de vivir en ambientes organizativos fuera susceptible de un tratamiento experto con soluciones conocidas y probadas. Para que un prodigio así sea posible, sería necesario que, como especie, nos resignáramos a dejar de innovar. Una resignación a la que no hemos sucumbido desde que Eva probó su bíblica manzana.

Sin negar que ese abordaje técnico al que me refería haya permitido cambiar el mundo y que la realidad organizativa sea hoy en día el soporte de toda la vida humana –y no solo humana–, en este planeta, es necesario tener presente que frente a lo inesperado, en un mundo donde lo imprevisto es lo más frecuente, la única forma que tenemos los humanos de debatir, acordar y realizar acciones colectivas es la política. Desde ese punto de vista, la administración es acción política. Como tal, centrada en defender y en atacar, en ocupar espacios y aclarar rivalidades, pero también en construir acuerdos, negociar significados y encontrar formas de convertir debilidades y temores en fortalezas y certezas.

Para decirlo de otra forma: me interesa el aprendizaje organizativo porque es una clarísima manera de entender el aprendizaje colectivo entre las personas. Dicho esto, me centraré en la administración para entender el aprendizaje como acción colectiva.

Es probable que, cuando leas este libro, el barbijo sea el recuerdo lejano de una anécdota del pasado, que esté olvidado o que siga aún presente. Imposible saberlo ahora. En todo caso la escritura de esta obra fue acompañada por el avance mundial del COVID-19. Primero, nos llegó la noticia de una extraña zoonosis asociada a prácticas de comercialización y alimentación originarias de un lejano (para nosotros) mercado chino. La enfermedad hacía estragos en esa ciudad y zonas aledañas. Más tarde, la epidemia se extendió. Comenzó a "acercarse", porque Europa parece cerca, aunque nos separe de ella todo un océano. Desde Alemania, Italia, el Reino Unido y España, llegaba información sobre síntomas, contagios y colapso sanitario. La epidemia devenía pandemia.

Fronteras cerradas para todos excepto para los residentes. Líderes políticos que sugerían a su población apostar a la "inmunidad del rebaño". Alguno de ellos, después de salir de la terapia intensiva, revisó su propuesta. Otro, con manejo de bombas atómicas, propuso buscar la solución en el estante de los artículos de limpieza. La voz de los científicos cobró otro espesor en relación con la vida cotidiana, como si en la ciencia se hubiesen depositado simultáneamente la fe y la racionalidad de una inmensa parte de la humanidad.

Las maravillas preferidas del turismo internacional se convirtieron en espacios solitarios, tristes, abandonados. Los museos, por su parte, comenzaron a oficiar como altares que, por tiempo indeterminado, estarían carentes de devotos. La circulación de viajeros se paralizó. Asistir a la escuela, ir a trabajar, salir de paseo, disfrutar una noche de teatro, reponer los insumos de la impresora, reunirse en casa con amigos, comprar un par de zapatos o un poco de pan, concurrir a la consulta del odontólogo, ver crecer a los nietos… esas actividades cotidianas, tan familiares que habría resultado un forzado ejercicio de imaginación distópica pensarlas como la ocasión de un peligroso contagio mortal, de la noche a la mañana debieron ser puestas en el centro de nuestra atención. Debimos mirarlas nuevamente. Pensarlas nuevamente. Replantearlas. Idear todo, otra vez, desde cero. O casi. La mente de todos nosotros incorporó la distancia social y el *hashtag* "cuarentena" como las coordenadas en que cualquier hacer y proyectar deben y deberán inscribirse, no sabemos por cuánto tiempo. La vida cambió. Se nos cambió.

El VIH, la disolución de la Unión Soviética, la caída del Muro de Berlín, el calentamiento global, internet, el ataque a las Torres Gemelas, la crisis del 2001 para los argentinos y la de las hipotecas *subprime* (por nombrar solo algunos de los principales hitos que marcaron la historia de las últimas décadas) impactaron en nuestro día a día, en las formas de relacionarnos, en las maneras de trabajar, de pensar los negocios y de consumir, en las relaciones y alianzas internacionales, en los modelos de organización política y social de todo el planeta, en nuestra participación ciudadana. Es notable que hoy, en este contexto, nos estemos planteando hacer capacitación, educar para el trabajo. Como si supiéramos algo acerca de qué necesitaremos o qué necesitarán los habitantes del futuro cercano.

La pandemia de COVID-19 colocó al planeta no tanto en una situación de parálisis como de desconcierto. Estamos desconcertados porque debemos revisar todas las pequeñas y grandes creencias con que articulábamos la vida. Necesitamos revisar el complejo, delicado y exquisito andamiaje de supuestos que hasta hace nada nos permitían dejar buena parte de nuestra vida en manos de un imaginario piloto automático interno. Siguiendo el consejo de Arquímedes, estamos buscando algún punto de apoyo que nos permita mover el (nuevo) mundo. Todavía estamos tanteando en la oscuridad.

En lo personal tuve que recordar a Karl Weick y leer lo que yo mismo había escrito para entender mi propio pensamiento. Así, de pronto, el libro debía practicar lo que propone: desarrollar sus tesis para descubrir y comprender qué clase de aporte está haciendo. Mientras página tras página proponía al lector repensarnos y reubicarnos ante lo imprevisible, el contexto desafió nuestra capacidad de imaginarlo.

Opté por un empecinado seguir escribiendo, aun cuando la incertidumbre —concepto del que se ha hecho uso y abuso durante las últimas décadas— estuviera adquiriendo una carnadura, ahora sí, realmente atemorizante. Seguí escribiendo para darle entidad a una hipótesis que rescate la vida: frente a este escenario, seguir aprendiendo es la única respuesta adaptativa al alcance del género humano. ¿Aprender sobre un futuro que no conocemos? No, aprender sobre la realidad que tenemos frente a nuestros ojos y que no siempre logramos ver. Apenas eso.

Se trata no solamente de cuestionar lo que hemos aprendido sino de cuestionar también nuestra peculiar comprensión del proceso de aprender. Quizás la hipótesis que decidimos adoptar nos muestre más adelante que era una orientación equivocada; pero que, de cualquier manera, nos puso y nos mantuvo en marcha, explorando. No obstante, creemos que el mapa que elegimos para aventurarnos en este territorio es el correcto. Queda a juicio del lector confirmarlo, rebatirlo y –sobre todo– seguir aprendiendo en la medida en que recorra su propio camino.

Este libro es el último de una producción que comenzó hace ya más de 30 años y, como todas mis obras, es el reflejo de un quehacer colectivo. Nadie viaja solo. Aunque no tenga compañía física, está rodeado siempre de los fantasmas, algunos queridos y otros temidos, con quienes dialoga. A lo largo de los años escribí unos pocos libros. Ninguno es una historia de *cut and paste*. Cada uno refleja una experiencia de vida. Los menciono como si el lector los conociera, aunque difícilmente sea así: *Aprendizaje y organización* se basa en mi trabajo con Diane Dunlap en Oregon; *La educación en la empresa*, el segundo, en mi trabajo como consultor y fundador del centro de educación empresaria de la Universidad de San Andrés, en Buenos Aires; *Conocimiento colectivo* refleja mi trabajo de doctorado y mi estadía como *visiting scholar* junto a David Perkins en la Graduate School of Education de Harvard; *Hacer visible lo invisible* recoge el trabajo conjunto con Marisa Vázquez Mazzini; y *El próximo management* se nutrió con casos y ejemplos aportados en gran medida por los participantes de la Maestría de Estudios Organizacionales que dirigí en San Andrés. Podría decir –parafraseando a Borges– que todos estos años me la pasé enseñando cosas que no terminaba de entender a gente que hoy en día sabe más que yo.

A diferencia de lo que hice en los otros libros, en este he eliminado casi todas las notas al pie, para que su lectura sea dinámica y accesible. Solo le di ese espacio a las referencias de las fuentes, también con el afán de hacer más ágil para el lector identificarlas. He trabajado en profundidad con unos pocos autores que mencionaré al pasar y sobre los que ofreceré una mayor orientación bibliográfica al final de la obra. Poco de lo que aquí se dice es creación mía, como ha dicho Diana Sperling en su espléndida *Filosofía para armar*:

> *Por más solitario que se crea, el viajero siempre va acompañado. Compañeros de presencia real y virtual con los que acompasar la marcha: rostros con los que se cruza ocasionalmente y que imprimen a su itinerario giros inesperados; caminantes que en épocas remotas hollaron las mismas sendas y dejaron testimonio, personajes de la historia de cada uno.*

Finalmente quiero destacar la importante y medular contribución a este libro de Adriana Roldán, excelente y culta editora que hizo una tarea titánica dándole forma de capítulos a trabajos anteriores míos, escritos como apuntes personales y publicados en forma casual en diferentes medios o usados como soporte para charlas y conferencias. Y también el trabajo de Graciela Kort, quien logró plasmar en un caso que enriquece este libro la sabiduría de sus años de experiencia en consultoría junto a Débora Bronstein.

Por último quiero destacar el aporte central de la profesora María Fernanda García Wagstaff (PhD, Associate Professor of Management en The University of Texas at El Paso). Su aporte está en todo el libro, pero sobre todo en el Capítulo VI. Varios años de trabajo conjunto, premonitoriamente remoto, a través del casi desaparecido Skype, dieron lugar a varios papers que aún permanecen inéditos pero de los cuales rescaté los elementos que nutrieron ese capítulo. Aunque he intentado citar su aporte en todos los casos, estoy seguro que este va más allá de lo que he podido mencionar.

ERNESTO GORE
Octubre de 2020

CAPÍTULO 1

El escenario del siglo XXI

La administración ha sido siempre un intento de controlar la realidad. Esto se ha vuelto particularmente difícil en tiempos en que lo inesperado es lo único que puede esperarse. Aunque es cierto que el futuro siempre fue una incógnita, durante gran parte de la historia de la humanidad se pudo dar por sentado que lo que vendría sería más o menos parecido al pasado. Las organizaciones eran pocas y conocidas, eran como eran y siempre iguales a sí mismas. La posibilidad de ver tantas organizaciones cambiando constantemente delante de nuestros ojos es relativamente nueva.

El management actual, es decir, nuestra forma de pensar las organizaciones y cómo manejarlas, nació hace no más de unos doscientos años, junto con los ferrocarriles y su rápida expansión. Durante el siglo XIX, las líneas férreas se extendieron por todo el mundo cambiando la realidad en una forma nunca vista hasta entonces y en coincidencia con un estilo de pensamiento basado en el planeamiento y el control. Pero ese era apenas el principio. De allí en más, las organizaciones y la tecnología siguieron cambiando, y con ellas, el mundo. Hoy, ya entrado el siglo XXI, se insiste muchas veces en ver a las organizaciones (de cualquier tipo) como si no hubiesen cambiado, así como tampoco el contexto en que se inscriben. Pensemos simplemente en internet, probablemente la organización más importante de nuestro tiempo. ¿Dónde está su casa central? ¿Quién es su gerente general? ¿Quién es el "mago de las finanzas" que consiguió que la organización más poderosa de nuestra época resultara gratis para los usuarios? ¿Cómo pudo ocurrir que unos jovencitos desalineados, trabajando en un garaje, construyeran algunas de las corporaciones más ricas y exitosas invirtiendo inicialmente un poco más que su mensualidad?

Cada vez con más frecuencia nos encontramos frente a organizaciones que funcionan de una manera completamente diferente a la fábrica que tenía a mal traer a Charles Chaplin en *Tiempos modernos,* o a esos bancos donde –según la publicidad– el otorgamiento de un crédito se sella con un apretón de manos entre el cliente y su ejecutivo de cuentas, escritorio de por medio. Es necesario preguntarse si el mundo en el que vivimos sigue siendo el mismo. ¿Cuánto se parece el management de las nuevas organizaciones a aquel que se forjó ayer, en los inicios del ferrocarril?

Cada año que pasa, la gerencia se parece menos a una tarea de puro control y más a una de exploración, ensayo y error. A pesar de eso, seguimos intentando explicar lo que sucede en las organizaciones exclusivamente sobre la base de lo que se proponen sus directivos. Como si un directivo, al igual que el último de los operarios, no estuviera descubriendo constantemente qué nuevos hechos están cambiando la realidad sobre la que se propone operar. Entender el management hacia el que las organizaciones –de una u otra manera– están migrando implica aceptar que su motor no está en la obediencia sino en el significado que la organización construye respecto del mundo que la rodea, el papel que ella desempeña y quiere desempeñar allí, y lo que hace y es capaz de hacer. Implica darnos cuenta de que el liderazgo no está en el poder sino en la comprensión, en la capacidad de entender en profundidad lo que hasta ahora se había hecho intuitivamente. La comprensión de la realidad permite revisar los automatismos, y brinda autonomía y capacidad para modificar, cuantas veces sea necesario, las acciones que se realizan a fin de lograr los resultados buscados, haciendo que un colectivo pueda operar con autonomía sin perder previsibilidad.

> *El liderazgo no está en el poder sino en la comprensión, en la capacidad de entender en profundidad lo que hasta ahora se había hecho intuitivamente.*

Explorando territorios desconocidos

Hubo tiempos en que el management consistía en decirle a la gente lo que debía hacer: el jefe sabía cuál era la tarea y se trataba solo de asegurarse de que se hiciera. Por eso, Frederick Taylor o Henry Ford podían declarar sin empacho que pagaban a sus obreros para que trabajaran, no para que pensaran[1]. Hoy, una afirmación semejante resultaría suicida, no solo porque infinidad de gerentes tienen actualmente a su cargo a especialistas que saben de su materia sensiblemente más que ellos, sino también porque muchos directivos se encuentran no pocas veces con situaciones frente a las cuales no tienen idea de qué debe hacerse. Ante lo inesperado, se requiere que el management

---

1 En muchos casos, cuando no haya referencias específicas, utilizaré el género masculino. Lo hago así sencillamente porque es el mío, pero espero que resulte obvio que me refiero a cualquiera de ellos.

despliegue una alta capacidad para reconocer y enfrentar los verdaderos problemas (lo inesperado, lo impredecible, lo que no tiene antecedentes) y sacar a la gente de sus zonas de confort para enfrentar lo que debe ser atravesado, valorando en ese proceso las respuestas espontáneas capaces de generar lo que no estaba planeado pero que resulta necesario. El management necesita gente que haga. Que piense mientras hace y que haga mientras piensa. Y que todos, cualesquiera sean sus roles, compartan tanto como sea posible su hacer y su pensar para que la organización (el colectivo) aprenda. Y se espera que sean las diversas acciones de liderazgo las que produzcan esa amalgama de acciones individuales pero coordinadas a través del conocimiento compartido.

Sin embargo, en la mayor parte de los casos, el concepto de liderazgo está fuertemente ligado a creencias tradicionales, no muy revisadas. Muchos lo asocian a un atributo personal, que puede transmitirse como si se tratase de una técnica consistente en ordenar objetivos y metas en una organización estructurada jerárquicamente, decir a los subordinados qué deben hacer para alcanzarlos, y crear en ellos la motivación necesaria para esforzarse en lograrlos. No obstante, de manera creciente, los procesos críticos de las organizaciones están a cargo de individuos que, más allá de su lugar en el organigrama, saben manejarlos y son capaces además de generar respuestas adaptativas innovadoras para enfrentar lo inesperado. Son personas, aunque las llamemos "recursos humanos", difícilmente sustituibles y quienes, en la práctica, lideran. En este contexto, la función de dirección está migrando del tradicional planeamiento y control hacia una tarea centrada en identificar los problemas críticos que deben encararse a fin de concentrar los esfuerzos organizativos para resolverlos, paliarlos o aprender a convivir con ellos y sus consecuencias.

Hoy, liderar no tiene tanto que ver con dirigir, enseñando y supervisando un proceso del que ya se conocen todas las preguntas que podrían presentarse y para las que ya se han hallado las respuestas correctas. En el siglo XXI, liderar es una acción que se inicia cuando un sujeto (una persona o un equipo) desarrolla la capacidad de formular las preguntas difíciles (esas que todos preferirían no tener que hacerse) y de ayudar y recibir ayuda por parte de los demás para encontrar las respuestas correspondientes.

> *Hoy, liderar es una acción que se inicia cuando un sujeto desarrolla la capacidad de formular las preguntas difíciles (esas que todos preferirían no tener que hacerse) y de ayudar y recibir ayuda por parte de los demás para encontrar las respuestas correspondientes.*

La pregunta vital que toda organización debe poder contestar en los hechos es cómo reformularse a sí misma para que, ante un cambio del entorno, este la seleccione para seguir adelante. O, dicho de otro modo, cómo adaptarse a nuevas e imprevistas circunstancias, a lo inesperado.

Karl Weick[2] narra la historia de un grupo de soldados que, extraviados en los Alpes durante una tormenta de nieve, lograron regresar a su base gracias a un mapa hallado circunstancialmente por uno de ellos en uno de sus bolsillos. Una vez en casa, el teniente que había enviado al grupo a cumplir la misión en las montañas, descubrió que el mapa empleado era en realidad ¡de los Pirineos! Esta anécdota, como señala Weick, debería ser recordada por todos los gerentes a fin de tener en cuenta que lograr resultados exitosos no se debe tanto a lo que las personas saben de antemano (el mapa, los procesos probados en el pasado) y lo que

---

2 Weick, Karl E. "Substitutes for Strategy". En *Making Sense of the Organization*. Oxford: Blackwell, 2001.

han planeado (la estrategia), sino a lo que efectivamente hacen y a las correcciones que introducen en el curso de su práctica cada vez que es necesario.

Quienes tienen a su cargo la gestión de grupos humanos son cada vez más conscientes de que usan un *mapa equivocado* y que, sin embargo, confían en que ese instrumento los ayude a ponerse en movimiento para ir encontrando el camino. Esto implica abandonar el concepto de la estrategia como la respuesta adaptativa prevista ante un cambio del entorno, y entenderla como una conjetura movilizadora, que impulsa a la *práctica*, verdadera fuente y destino de la respuesta adaptativa. En la historia de los soldados extraviados, el aporte del mapa no consistió en orientar al grupo acerca de cómo volver a la base, sino en haber puesto al grupo en movimiento para encontrar su camino en *terra incognita*. Una buena estrategia es aquella que dispara en la organización la búsqueda de una respuesta a una pregunta sin precedentes.

> *Una buena estrategia es aquella que dispara en la organización la búsqueda de una respuesta a una pregunta sin precedentes.*

Un mapa como el que los soldados encontraron (la estrategia) brinda pautas muy generales y una intención, elementos ambos muy valiosos. Pero no puede decir qué debe hacer la gente en cada momento ni cuáles son los pasos adecuados ante cada situación porque, dado el tipo de desafío que se afronta, todo eso requiere respuestas adaptativas casi imposibles de prever. Los planes, como los mapas, animan y orientan a los individuos. Una vez que las personas comienzan a actuar, generan hechos nuevos, adecuados al contexto real y que ayudan a entender qué ocurre, qué necesita explicarse y cómo seguir adelante. Por eso, como decíamos antes, algunos gerentes olvidan que lo que en realidad hacen no es ejecutar lo que habían planeado sino descubrir el camino sobre la marcha. En consecuencia, para no transgredir lo planeado, corren el riesgo de perder de vista que lo que enfrentan no es un problema técnico con solución conocida, sino uno adaptativo, que requiere de su capacidad de liderar a un grupo para enfrentar lo imprevisto[3].

Desde luego, la mirada evolutiva que estamos delineando no supone que las organizaciones puedan ser conducidas desde la pura espontaneidad, sin una idea general que les dé sentido o sin planes. Ya hemos definido que la estrategia es aquello que dispara en la organización la búsqueda de una respuesta a una pregunta difícil. Podríamos describirla también como una teoría que la organización elabora sobre qué la hizo exitosa en el pasado y qué la hará exitosa en el futuro, teoría que empleará como base de sustentación para encontrar la respuesta a esa pregunta. Pensar la estrategia como una teoría –o, mejor aún, como una hipótesis– ofrece la ventaja de que nos sentiremos obligados a contrastarla con la realidad constantemente[4], lo que constituye una práctica metodológicamente excelente[5].

Henry Mintzberg[6] señala que, por lo general, se habla de "planear estrategias", una idea que se corresponde con un contexto ordenado y controlable. Es coherente con pensar una autoridad basada en una persona o en un grupo con visión total del conjunto y claridad sobre la situación, que tiene todas las respuestas o sabe generarlas para lograr que los otros hagan sus tareas. Mintzberg, en cambio, no habla de *planear estrategias*, sino que emplea la palabra inglesa *crafting*, la cual refiere a lo artesanal. En castellano, la ex-

---

3 Heifetz, Ronald y Laurie, Donald J. "The Work of Leadership". *Business Review*, enero de 1997.

4 Cohen, M.D. y March J.G. "Leadership in Organized Anarchy". En *Leadership and Ambiguity*. Boston: Harvard University Press, 1986.

5 Burgelman, Robert. *Strategy is Destiny. How Strategy Making Shapes a Company's Future*. Nueva York: The Free Press, 2002.

6 Mintzberg, Henry. "Crafting Strategies". *Harvard Business Review*, julio-agosto de 1987, pp. 65-74.

presión que da título a su artículo podría traducirse como "elaborar estrategias". Él toma como modelo a su esposa, que es artesana y elabora objetos de cerámica: ella tiene una idea de lo que busca en cada caso, pero va descubriendo también las posibilidades reales en la medida en que trabaja la masa. Es el "elaborar" de una persona cercana a la situación y a los materiales con los que está trabajando, y esto poco tiene que ver con controlar desde un lugar lejano y omnisapiente. *Crafting* nos remite a la conexión y el contacto con la tarea y sus circunstancias, un proceso a través del cual la formulación y la ejecución se funden en una adaptación mutua. Para Mintzberg, la estrategia no es solo un diseño intencional tal como suele parecer. Si bien la elaboración tiene en consideración pautas surgidas de un plan, se ve impactada también por otras que se van creando y adoptando a medida que avanza la práctica, el hacer, la instrumentación. De este modo, las estrategias caminan siempre sobre dos patas. Una tiene que ver con el plan, con el diseño, con lo deliberado. La otra, con lo emergente, lo que se descubre en tanto se va haciendo. ¿Dónde se sitúa el liderazgo en este proceso?

Repensar el liderazgo

Pensemos en la evolución de los productos de una empresa en el transcurso de su historia. ¿Los cambios que experimentaron son el resultado de una estrategia o de un conjunto de procesos relativamente aleatorios que –después– fueron repensados, organizados y formulados como una estrategia exitosa? Es decir, ¿la evolución de los productos es consecuencia de un plan previo y explícito, o de una respuesta elaborada sobre la marcha a problemas inmediatos o nuevas oportunidades detectadas? Por lo general, es difícil determinar la proporción en que lo previsto y lo improvisado se combinan. Lo más probable es que haya bastante de ambas cosas.

Visto retrospectivamente, el curso de acción exitoso será casi siempre significado por la organización como una estrategia del CEO. Pero si indagáramos en los detalles y buscáramos reconstruir cómo el directivo llegó a la estrategia mentada, en algún momento aparecerían en escena la escucha atenta de un vendedor ante los requerimientos de un cliente, las reuniones del equipo de ventas para responder a esas sugerencias, los rumores que llegan del mercado, las consultas a otras personas y sectores de la organización para que aporten a la elaboración de la respuesta y, finalmente, el descubrimiento de que esa adaptación del producto tenía muchos más compradores que el ignoto cliente que dio inicio a todo el proceso. De esta forma, en muchos casos, la organización comienza a ver cómo se incrementa la demanda del nuevo producto hasta convertirse en una robusta e innovadora línea de trabajo y producción. El marketing y la publicidad, innegablemente importantes, vienen después.

Aunque es difícil notarlo en un primer momento, estas observaciones nos llevan a una visión diferente del liderazgo, a pensarlo como un fenómeno más colectivo y espontáneo de lo que parece a primera vista. Es importante tener presente que, aunque esté de moda llamar "líderes" a los jefes, en realidad ninguna organización puede *nombrar* líderes. El liderazgo es un fenómeno emergente, no planeado ni susceptible de serlo.

La perspectiva tradicional sobre el liderazgo se levanta sobre un supuesto dualista no problematizado, que acepta como un hecho evidente (y, por tanto, que no requiere demostración) que el conductor es siempre uno –o, en circunstancias desgraciadamente escasas todavía, una–, y las demás personas son simplemente sus seguidores o conducidos. Además, se supone evidente también que el liderazgo es un atributo de algunas personas y que se mantiene en el tiempo abarcando todos los aspectos de la realidad. Cabe agregar que esa clase de análisis enfatiza en exceso el peso de los roles formales y presta poca atención a lo que sucede en el trabajo y a los

Si se observa la realidad de cualquier organización, se verá que el liderazgo es un proceso permanente y dinámico, y que todo el mundo es líder en algo para alguien.

procesos que surgen de la labor de las redes que conforman la organización: Si se observa la realidad de cualquier organización, se verá que el liderazgo es un proceso permanente y dinámico, y que todo el mundo es líder en algo para alguien.

En relación con la dinámica entre individuo, grupo y liderazgo, en un trabajo muy notable Ken Smith[7] se refiere a la odisea vivida por un grupo de jóvenes cuyo avión cayó en la Cordillera de los Andes en 1972[8]. Sin duda, es un caso especialmente dramático de encuentro con lo inesperado. Ellos eran jugadores de rugby y viajaban desde el Uruguay (junto a familiares, técnicos y, por supuesto, la tripulación) para jugar un partido en Santiago de Chile. Iban vestidos con jeans, remeras y mocasines cuando se encontraron imprevistamente con el avión estrellado en la montaña, a 3.600 metros de altura, en medio de la nie-

---

7   Smith, Ken. "An Intergroup Perspective on Individual Behavior". En *Perspectives on Behavior in Organizations*, editado por Richard J. Hackman, Edward E. Lawler y M. Lyman, pp. 397-408. Nueva York: McGraw-Hill, 1983.

8   Este texto de Smith fue discutido en un seminario de la Universidad de San Andrés, en Buenos Aires. Uno de los participantes fue Pedro Algorta, sobreviviente del episodio. Los diálogos con él, que se prolongaron en una amistad posterior, resultaron especialmente enriquecedores.

ve, con 30 grados bajo cero de temperatura y en un lugar donde no había ninguna forma de vida de la cual obtener alimento. Para quienes no lo saben (es difícil que alguien que estuviera vivo en esa época no lo recuerde), había 45 personas a bordo del pequeño avión de la Fuerza Aérea Uruguaya. Dieciocho murieron en el accidente o en los siguientes días. Los 27 restantes fueron reducidos a 19 por una avalancha unas dos semanas después. Con excepción de tres personas, 16 sobrevivieron otros 50 días[9].

Cuando se analiza aquella tremenda tragedia aérea y su casi milagroso desenlace, resulta muy notable cómo muchas conductas que tradicionalmente habrían sido descriptas como de liderazgo y, por ende, como comportamientos individuales producto exclusivo de un rasgo de personalidad y la voluntad de los actores, aparecen interpretados en términos de las relaciones entre distintos grupos que surgieron en el sistema conformado por quienes sobrevivieron al impacto. Como veremos en el próximo capítulo, a propósito de la frecuente identificación del liderazgo con conductas heroicas, las respuestas a las diversas necesidades que se fueron presentando a los sobrevivientes (entre otras, la atención de los heridos en el impacto, la adecuación de los restos del avión como refugio y encontrar elementos de abrigo) fueron lideradas por diferentes personas y grupos dentro del conjunto.

En un primer momento el liderazgo estuvo en un par de sobrevivientes que estudiaban medicina. Habiendo muertos y heridos, ellos parecían los indicados para afrontar la situación. Un miembro de la tripulación, que luego murió, dijo que él era quien debía conducir el grupo porque eso era lo que decía el reglamento. Nadie le hizo mucho caso: ni el reglamento ni el vuelo eran ya *reales*.

---

9 Información recuperada el 4 de mayo de 2020 de www.viven.com.uy (sitio oficial del accidente de los Andes).

Ni bien los heridos fueron atendidos y los muertos separados de los sobrevivientes, el rol de los estudiantes de medicina desapareció y el liderazgo pasó espontáneamente al capitán del equipo de rugby, que confiaba en que serían rescatados. Se trataba de resistir hasta que eso sucediera.

Cuando escucharon por radio (aparato que les permitía oír, pero no transmitir) que las acciones de búsqueda habían sido abandonadas, el líder perdió fuerza porque ni él mismo ni nadie creía ya en el rescate como alternativa. Ahora, no se trataba primordialmente de mantener el orden y la cohesión a la espera de un inminente rescate, sino de resolver cómo se proveerían de agua y comida por un plazo que imaginaban sería prolongado: dado que el accidente había ocurrido durante octubre, estimaron que recién podrían intentar salir de allí por sus medios cuando estuviera más avanzada la primavera. En esa encrucijada, y viendo que la comida se terminaría pronto, empezaron a comprender que la única –y terrible– forma de sobrevivir sería alimentarse de quienes habían muerto. En las conversaciones, se fueron articulando dos ideas cruciales. La primera fue que deberían encarar un plan para salir de allí y pedir ayuda; no podían simplemente esperar. La segunda, que deberían tomar el único recurso disponible para mantenerse vivos: los cuerpos de los fallecidos. Estos dos nuevos desafíos (buscar ayuda y alimentarse) impulsaron el surgimiento de otra estructura social donde convivían tres grupos: quienes aceptaron la idea de comer carne humana; quienes sentían que no podían hacerlo; y quienes se debatían entre las dos posiciones anteriores. Estos últimos encontraron en la comunión religiosa una metáfora que les permitía conciliar sus principios con las urgencias impuestas por las circunstancias, absolutamente dramáticas.

Cuando se producen cambios imprevistos y extremos, cuando el contexto ejerce una altísima presión, nadie puede establecer con claridad qué respuestas adaptativas encontrarán más eco o resultarán más adecuadas. Lo que un individuo pueda hacer personalmente para liderar a los demás no es evidente sino pura especulación. Solo cuando el sistema vuelve a adquirir equilibrio, dice Smith, es posible descubrir qué conductas fueron las que lo llevaron hasta allí: el liderazgo, como la estrategia, aparece más claramente cuando miramos hacia el pasado que al intentar adivinar el futuro. En otras palabras, los actos de liderazgo son respuestas –a veces deliberadas, y en muchos casos espontáneas e inconscientes– a situaciones percibidas como críticas. Esos actos no se proponen tanto liderar como contribuir a la supervivencia. Y aunque en muchos casos existe la intención de encontrar seguidores, en otros se trata simplemente de que toda conducta humana es un modelo susceptible de ser imitado.

> *El liderazgo, como la estrategia, aparece más claramente cuando miramos hacia el pasado que al intentar adivinar el futuro. En otras palabras, los actos de liderazgo son respuestas –a veces deliberadas, y en muchos casos espontáneas e inconscientes– a situaciones percibidas como críticas.*

El intento sistemático de búsqueda de ayuda por parte de los sobrevivientes de los Andes se inició unos sesenta días después del accidente, con la elección de unos pocos, tres, expedicionarios a los que se les dieron todos los privilegios (principalmente, el mejor abrigo y comida). Tenían una misión definida: abandonar el lugar e ir a buscar ayuda. ¿Qué nos dice, entonces, esta mirada del liderazgo? Que el liderazgo no depende solamente de quiénes y cómo son las personas; es una función que se va desplazando de acuerdo a cómo se modifican las redes vinculares para adaptarse a las circunstancias a las que la organización debe responder. Recuerdo que cuando le pregunté a Pedro Algorta, uno de los sobrevivientes, si estos elegidos para cruzar los Andes a pie buscando ayuda eran los líderes, contestó con absoluta seguridad: "No, ellos eran los héroes, porque hacían lo que ningún otro podía hacer. El liderazgo pasaba por otro lado".

Es necesario aprender a pensar el liderazgo menos como un "estado" o un "don" de las personas y más como una actividad que está en manos de quien pueda responder a un desafío imprevisto.

¿Cómo se conjuga la idea de que el ejercicio del liderazgo rota según los desafíos adaptativos que plantea el contexto con la necesidad de orden y previsibilidad que toda organización requiere? Mal, se conjuga mal. Sin embargo, la salud de la organización depende de que pueda soportar y (más importante) aprovechar la tensión entre el proceso rutinario y la búsqueda permanente de la mejor respuesta adaptativa a su entorno, aprendiendo a enfrentar lo inesperado. En suma, es necesario aprender a pensar el liderazgo menos como un "estado" o un "don" de las personas y más como una actividad que está en manos de quien pueda responder a un desafío imprevisto.

¿Quiénes serán los próximos líderes en nuestra organización, en nuestra sociedad, en el mundo? La respuesta es tan difícil de anticipar como cuáles serán los próximos desafíos (sobre todo, post-pandemia). De la misma manera, entender quiénes lideran en una situación determinada no es fácil. A pesar de que nuestros modelos confunden al líder con el héroe, el liderazgo no es siempre un hecho evidente. Cada uno aprende de los demás y ni el que enseña ni el que aprende son siempre conscientes de lo que están haciendo. El siglo XXI nos demanda abandonar la antinomia taylorista entre "los que piensan y los que hacen" para ir hacia una formación generalista de las personas en la organización, central para generar respuestas adaptativas creativas, que luego darán origen a estrategias emergentes o aumentarán las probabilidades de generarlas.

Sucede lo inesperado

Como sostenía J.M. Keynes, aunque nos disponemos para enfrentar lo inevitable, lo que sucede es lo inesperado. ¿Cómo prepararnos para afrontar esa incertidumbre? ¿Cuál es el rol del management en una época en que cada vez es más frecuente lo que no hemos podido prever?

A fines del siglo XIX y principios del XX, en un mundo donde la producción era mucho más compleja que la venta y las empresas eran "fábricas", el desafío era hacer bien y barato aquello que ya se sabía hacer bajo la dirección del supervisor, el jefe, el gerente. La organización piramidal taylorista –donde el hacer y el pensar estaban cuidadosamente divorciados según un diseño técnico, y la obediencia constituía un valor central– proveía el formato más congruente con ese contexto de trabajo. Hoy, en cambio, decirle a la gente qué, cómo y cuándo debe hacer su tarea es cada vez más difícil, como ya explicamos, por dos razones: la primera, porque en algunos casos las personas saben mejor que sus jefes qué deben hacer; la segunda, porque raramente los gerentes saben de antemano qué es lo que hay que hacer.

Generar bienes o servicios en un mundo hipercompetitivo exige grados muy elevados de especialización y, consecuentemente, de integración. Eso obliga a que la función de supervisión esté centrada en lograr la arquitectura de grupos que –por su especialización– tenderían naturalmente a dispersarse. Reunir distintas prácticas para enfrentar problemas nuevos genera conocimientos tan recientes para las personas como para quien las supervisa. En consecuencia, la figura taylorista del gerente como fuente del

La figura taylorista del gerente como fuente del saber sobre la tarea se encuentra migrando hacia un estilo de management más centrado en construir sentido junto con su gente, acercando las distintas prácticas que pueblan la organización.

saber respecto de la tarea se encuentra migrando hacia un estilo de management más centrado en construir sentido junto con la gente, acercando las distintas prácticas que pueblan la organización.

Con respecto al liderazgo, debemos acostumbrarnos a dejar de pensarlo como la confluencia permanente de poder en ciertos vértices (que coinciden con el organigrama) para verlo más como una constelación de respuestas improvisadas e imprevistas a los problemas que surgen. Si prestamos atención, veremos el liderazgo distribuido en la organización: una cantidad inesperada de líderes momentáneos, que aparecen y desaparecen como luciérnagas en la noche, solucionando problemas que nadie había pensado que iban a ocurrir ni que ellos iban a resolver. Algunas pocas de esas respuestas espontáneas resultan exitosas, se afincan, se convierten en líneas de trabajo y, en algún momento, son instituidas y pasan a ser una estrategia. Como la mayor parte de los intentos son eliminados por ser inadecuados o por mudanzas del contexto, la organización necesita mucha iniciativa y muchos destellos de liderazgo para poder enfrentar las circunstancias cambiantes que caracterizan al siglo XXI.

El liderazgo siempre existe. El desafío hoy es que la autoridad (el supervisor, el jefe, el gerente) desempeñe las funciones que el contexto demanda: guiar, contener y fijar reglas de juego claras. Luego, si la organización hace su parte y cuenta con gente bien formada y educación generalista, el liderazgo aparecerá y rotará todo el tiempo, a veces encarnado en quienes tienen autoridad formal y a veces en quienes no la tienen. El problema es conseguir que las autoridades no teman al liderazgo y lo dejen emerger.

Las organizaciones complejas, características de nuestra época, son movidas por personas relativamente autónomas que no necesitan que les digan a cada paso qué deben hacer. Pero sí es preciso que se las ayude a entender el contexto y los elementos críticos que deben enfrentarse: este es el rol del nuevo management. El management debe ayudar a que los integrantes entiendan a la organización, comprendan la complejidad de su contexto y aprendan a manejarse en ella. Según David Perkins[10], el aprendizaje pleno –es decir, el propio de nuestro tiempo– es un aprendizaje para la comprensión, el cual debe ser promovido, alentado y protegido por el management.

---

10 Perkins, David N. *El aprendizaje pleno. Principios de la enseñanza para transformar la educación*. Barcelona: Paidós, 2010.

CAPÍTULO 2

Rutina e innovación

En el capítulo anterior, a la hora de explicar qué hace una organización recurrimos a las ideas de *respuesta adaptativa* y *liderazgo*. Dijimos que los procesos críticos de las organizaciones están a cargo de individuos que, más allá de su lugar en el organigrama, saben manejarlos y son capaces, además, de generar respuestas adaptativas innovadoras para enfrentar lo inesperado. Con esta afirmación relativizábamos un poco el papel de las estructuras formales y señalábamos la importancia de lo no planeado en la vida organizativa. En este capítulo iremos un poco más allá; esencialmente, estaremos diciendo que la dinámica de una organización no puede ser explicada exclusivamente por la voluntad o los planes de sus directivos.

Las preguntas aquí son simples, pero, como ocurre con las preguntas simples, las respuestas son complejas: ¿qué cosa es una organización?, ¿cómo se explica lo que una organización hace o deja de hacer y por qué es como es?

Una primera respuesta: lo que una organización es tiene que ver, sin duda, con lo que sus accionistas y ejecutivos se proponen, pero también con aquello que el contexto le permite. Muchas empresas, tal vez la mayoría, fracasan por intentar hacer lo que sus directivos quieren y las circunstancias externas vuelven imposible. Cada organización puede tratar de lograr lo que se proponga, pero son los mercados y los *no mercados*[1] los que terminan decidiendo finalmente cuáles sobrevivirán.

Sin duda, esto evoca la teoría de la evolución formulada por Charles Darwin durante el siglo XIX. Vale la pena detenernos y recordar algunos puntos centrales de ese marco teórico a fin de poder retomar más tarde ese abordaje en relación con las organizaciones.

La teoría darwiniana sostiene que entre los individuos de una misma especie podemos observar pequeñas variaciones (por ejemplo, no todos los humanos tenemos idéntica estatura o igual contextura física). En la naturaleza, esas pequeñas variaciones pueden determinar que algunas especies resulten más aptas que otras para interactuar con el ambiente en donde se desarrollan y, por lo tanto, puedan resistir mejor ciertas condiciones o procurarse más y mejor alimento. Desde el punto de vista estadístico, los individuos con estas características tendrán más oportunidades de sobrevivir y reproducirse, mientras que la descendencia de los que carecen de ellas tenderá a ser más escasa. En sucesivas generaciones, los individuos del primer tipo se incrementarán en número y los del segundo tipo probablemente comiencen a extinguirse. Darwin, entonces, explica la evolución de las especies a partir de tres factores clave: la variación entre individuos, resultado de una mutación genética azarosa; la selección natural, dada por un factor ambiental que favorece la

---

1 Se suele llamar "no mercados" a los factores que, además del mercado, afectan los resultados de una empresa, como "por ejemplo" los gobiernos, las políticas económicas, las leyes, el tipo de cambio, los valores y las costumbres de la sociedad, los grupos sociales y el contexto internacional (Baron, David P. "Integrated strategy: Market and Non-Market Components"; *California Management Review* 37, N° 2, 1995, pp. 47-65).

supervivencia de cierto tipo de ejemplares más que de otros; y la retención, que es la propagación por vía de la herencia genética de las características más adecuadas.

Resulta más o menos habitual que, en sus versiones de divulgación, la presentación de la teoría de la evolución sugiera una suerte de propósito por parte de los individuos. Así, las jirafas habrían estirado sus cuellos voluntariamente para acceder a las hojas más altas de los árboles, y nuestro pariente primate de la sabana africana habría decidido erguirse para tener sus manos libres. Si estas características (cuello largo, bipedismo) fueran el resultado de una "elección" de los individuos, no se explicaría la prevalencia de esos atributos en la descendencia, ya que –como sabemos– podemos heredar características genéticas, pero no rasgos adquiridos. En términos de Darwin, los individuos que presentaban como singularidad sus cuellos más largos y los individuos que –azarosamente, por una mutación– comenzaron a caminar erguidos fueron seleccionados por sus ambientes debido a que eran los mejor adaptados, lo que favoreció su multiplicación y que, generación tras generación, la descendencia que prevaleciera fuera aquella que heredaba tales rasgos.

¿Por qué retomar a Darwin en un libro sobre aprendizaje, organizaciones, innovación y management? Porque su teoría permite dar cuenta de un diseño que se genera a sí mismo y no como producto de una estrategia deliberada de los individuos implicados. Esto es coherente con nuestra afirmación de que el devenir de una organización no puede ser explicado solamente por las intenciones de sus actores.

La teoría de la evolución permite dar cuenta de un diseño que se genera a sí mismo y no como producto de una estrategia deliberada de los individuos implicados.

Por lo general, las buenas teorías tienen tanto valor explicativo como valor predictivo; sin embargo, la teoría darwiniana puede explicar el origen de las especies, pero no su devenir futuro, ya que este depende de la selección que haga el ambiente. Habíamos dicho que la estrategia es una teoría que la organización elabora sobre qué la hizo exitosa en el pasado y qué la hará exitosa en el futuro... teoría que podría ser correcta siempre que el futuro fuera como el pasado, pero que poco puede garantizar cuando lo que se viene es lo inesperado. Precisamente, de acuerdo con lo que discutimos en el capítulo anterior, no tenemos ninguna evidencia de que el contexto (ambiente) por venir conserve sus características. ¿Cómo asegurarnos, entonces, la supervivencia como organización? ¿Qué variaciones deberíamos retener y cuáles deberíamos estar dispuestos a modificar? ¿Con qué criterio elegirlas si no sabemos cuáles seleccionará el ambiente? ¿Con qué mapa, señor teniente, orientar a los soldados en su evolución? Por supuesto, no existe una respuesta *ex ante* para estas preguntas. Hay en el manejo de una organización, como en el de nuestras vidas, mucho de adivinanza.

La dinámica interno-externo

Uno de los primeros en interrogarse y describir qué hace un gerente fue Henry Fayol (1841-1925), para quien la tarea directiva podía resumirse en cuatro funciones principales: planificar, organizar, coordinar y controlar; cuatro tareas que, miradas con cuidado, se resumen en una sola: controlar.

Más de medio siglo después, en 1975, Henry Mintzberg se propuso revisar el planteo de Fayol a partir de una observación desprejuiciada, sin preconceptos, simplemente observando a un gerente hacer su tarea. Por ejemplo, ¿cómo procede cuando le avisan que la planta de producción se ha incendiado? Cuando se ocupa de que todas las personas estén protegidas y contenidas, de que la información relevante sobre el incidente llegue a la población a través de los medios correspondientes, y que los inconvenientes para los clientes y proveedores sean reducidos al mínimo posible, ¿el gerente está planificando, organizando, coordinando o controlando?

La observación de Mintzberg mostraba que un gerente realiza de manera simultánea las cuatro tareas enunciadas por Fayol… y muchas otras. Y esto es así no solamente cuando una planta de producción se incendia. Comprobó también que, mientras un buen número de trabajos le insumía apenas unos segundos, la mayoría no le requería más de diez minutos, con excepción de unos pocos que le demandaban alrededor de una hora. Si en vez de gerentes se trataba de supervisores, los cambios de tareas sucedían en cuestión de segundos. ¿A qué se debe esta dinámica? A la necesidad de ajustar (adaptar) su conducta a las modificaciones registradas en los entornos interno y externo de la organización que se producen momento a momento.

¿Y qué sucede cuando lo observado ya no son las tareas del gerente o el supervisor sino los cambios o la identidad misma de la organización en su conjunto? Cuando preguntamos por la génesis e historia de una organización, o cuando queremos entender por qué es cómo es o conocer sus planes futuros, tarde o temprano se menciona alguna persona que ha encarnado o encarna la figura del visionario. El mito fundacional o el folclore de la organización atribuyen el cambio a aquel o aquella que vio (o ve) la tierra prometida cuando nadie más siquiera la sospechaba. De este modo, una persona o un grupo se llevan el crédito de que, gracias a su fuerza de voluntad y "liderazgo" (entendidos ambos como rasgos individuales de carácter), la organización alcanzó su satisfactoria posición, o lo hará en el mediano plazo. Más allá de esta narrativa, la investigación rigurosa muestra que, además de las intenciones y los propósitos de la gente que integra una organización, existen otros factores que explican –incluso mejor– los cambios que esta experimenta.

> *La investigación rigurosa muestra que, además de las intenciones y los propósitos de la gente que integra una organización, existen otros factores que explican –incluso mejor– los cambios que esta experimenta.*

De manera esquemática, podemos conjeturar que los rasgos que definen a una organización se deben a causas externas, a la labor de los actores internos o a una combinación de ambos factores. Así, las teorías de Michael Hannan y John Freeman causaron un enorme revuelo cuando en la década del 70 sostuvieron que no era la acción gerencial la que definía su identidad sino el proceso de selección que el ambiente hacía de ellas. Los actores podían hacer lo que quisieran, pero si nosotros encontramos ahora empresas con rasgos similares en un cierto mercado es simplemente porque las que eran diferentes fueron cerradas a causa de haber fracasado. Años después, los dos autores moderarían un poco su posición, reconociendo el papel que podían jugar fuerzas internas; sin embargo, ya habían marcado algo importante: las construcciones internas, voluntarias o no, como la estrategia o la cultura, no alcanzan para explicar la supervivencia de una organización. La supervivencia tiene que ver con fuerzas ajenas a la organización, como –por ejemplo– la aparición de nuevos competidores, innovaciones tecnológicas, nuevas preferencias entre los clientes... o una inesperada pandemia[2].

---

2   Hannan, Michael T. y Freeman, John. "The Population Ecology of Organizations". *American Journal of Sociology* 82, N° 5, marzo de 1977, pp. 929-964.

Sin duda, las teorías centradas en la influencia del ambiente dan cuenta de un fenómeno fácilmente identificable: hoy podemos saber si un automóvil es "viejo" con solo detenernos a observar la tecnología que utiliza para reproducir música. Asimismo, y continuando con la industria automotriz, puede observarse que algunas prestaciones de los vehículos pasaron de ser adicionales que encarecían el automóvil, a convertirse en características básicas, propias del modelo más simple (por ejemplo, el aire acondicionado o los *air bags*). Cabe señalar que los ambientes marcadamente competitivos parecen incrementar el dinamismo de los cambios organizacionales: si no estamos siquiera a la altura de la competencia, el mercado nos expulsará. En comparación con el de las compañías que se mueven en ambientes con una competencia menos agresiva, dicho dinamismo se caracteriza generalmente por la generación de puestos de trabajo más especializados y más interdependientes[3]. Dicho esto, resulta indiscutible que decir que el ambiente "promueve" cierto tipo de cambios es metafórico. El contexto no dice ni indica algo. Son los actores quienes deben hacer los cambios, ya sea porque perciben la oportunidad en el mercado, por gusto o por casualidad, no importa. El mercado se limitará a eliminar las organizaciones que no encajen en su configuración.

Existe una tarea seleccionadora por parte del contexto que elige qué organizaciones sobrevivirán y cuáles estarán

---

3   Lawrence, Paul R. y Lorsch, Jay W. "Differentiation and Integration in Complex Organizations". Administrative Science Quarterly 12, N° 1, junio de 1967, pp. 1-47.

condenadas a la extinción. Un caso típico son los carruajes: ningún fabricante de estos pudo reconvertirse en una empresa automotriz debido al salto tecnológico y el capital necesarios para migrar de un negocio a otro. Las fábricas de carruajes de madera pudieron, con suerte, convertirse en fabricantes de muebles. Construir automóviles implicaba manejar motores a explosión cuya tecnología estaba más cerca de las armas de fuego que del cuidado de los caballos. Lo que desapareció con el cambio tecnológico no fue una cierta empresa, sino un cierto tipo de empresas. Cuando la supervivencia deja de tener relación con el manejo interno, las explicaciones ya no se refieren tanto al derrotero de un individuo ("la empresa X"), sino de un conjunto de individuos que se desarrollan en determinado hábitat ("los fabricantes de carruajes").

Como señalamos, las teorías que buscan las causas de los cambios organizacionales en factores internos parecen expresar el enfoque predominante en el campo de la administración, que tiende a identificar el desempeño organizacional con la sumatoria del desempeño de los integrantes. El devenir de una organización no siempre es descripto en los mismos términos. A veces, su dinámica interna es caracterizada como el producto de políticas, reglas, procedimientos, organigramas y cualquier otra regulación racional que la rija. En otros casos, se entiende que los actores internos promueven cambios o defienden el apego a rutinas establecidas siguiendo un modelo que es producto de microdecisiones –más o menos espontáneas– de muchos decisores individuales no regulados por un poder central. Tales microdecisiones estarían basadas en la percepción de la realidad de quienes las adoptan, en la costumbre o en el azar.

Las teorías evolutivas, por su parte, explican el cambio organizacional concentrándose en la interacción del interior de la organización (ya sea planeado o espontáneo) con su entorno (ya sean mercados o no mercados), y explican ese vínculo a partir de los tres conceptos que mencionamos al referirnos a la teoría darwiniana: variación, selección y retención. La supervivencia o la extinción son consecuencia de un proceso de selección realizado por el entorno entre aquellas variaciones o cambios generados e impulsados por las fuerzas internas.

Hacia una definición de la organización

Hemos dicho más arriba que la organización no puede ser explicada solo por las decisiones de sus dirigentes, y hemos utilizado las teorías evolutivas para describir un devenir organizativo no regido exclusivamente por esas voluntades. Cuando nos apartamos de la mirada formal de la organización y damos lugar a sus aspectos espontáneos o no planeados, entramos en narraciones menos convencionales de lo que una organización es y cómo funciona. Una de esas miradas, especialmente compleja e interesante, es la de Karl Weick, profesor en la Ross School of Business de la Universidad de Michigan, nacido en 1936 y con 83 años al momento de escribirse este libro. En este punto, intentaremos desarrollar una visión de la organización basada en su teoría, aunque recurriremos también a otros autores como, por ejemplo, Étienne Wenger.

Desde una mirada de gestión que podríamos denominar "clásica", la visión de una organización define, a partir de una evaluación de su situación actual, las oportunidades detectadas en estado germinal y el futuro posible que se aspira alcanzar. A pesar de que este enfoque brinda un esquema para ponernos en marcha (como el mapa equivocado de aquellos soldados perdidos en los Alpes[4]), la interpretación del entorno y de aquello que la organización está haciendo no es trivial. Preguntas básicas como qué hacemos o para qué estamos aquí nos obligan a pensar en el *significado* (qué

---

4 *Cfr.* Capítulo 1.

estamos diciendo con lo que hacemos, qué denotan y qué connotan nuestros actos) y el *sentido* (la nueva perspectiva que alcanza nuestra mente y que impacta en nuestra práctica) de lo que hacemos como organización. Preguntar por el significado de lo que hacemos es interrogarse acerca de qué estamos diciendo a los demás a través de nuestra acción. Encontrar el sentido es comprender algo de una manera más abarcadora, vislumbrar una nueva perspectiva de algo, integrando la información que uno ha estado recibiendo en una nueva forma o estructura, insertarla en una narración.

> *Preguntar por el significado de lo que hacemos es interrogarse acerca de qué estamos diciendo a los demás a través de nuestra acción. Encontrar el sentido es comprender algo de una manera más abarcadora, vislumbrar una nueva perspectiva de algo, integrando la información que uno ha estado recibiendo en una nueva forma o estructura, insertarla en una narración.*

Habitualmente nos representamos a las organizaciones como si fueran hechos técnicos, máquinas regidas por un diseño consciente y predeterminado, algo comparable a un reloj. Sin embargo, Wallerstein y Smapson[5] han hecho notar que en todo caso se trata de un reloj muy peculiar. Mientras que en un reloj cualquiera la hora que marque es independiente de quién la consulte, en el caso de la organización la hora que informe dependerá –entre otros factores– de la cantidad de veces que lo consultemos, de la hora que deseemos que sea, de nuestra apreciación estética del reloj, de quién sea el que lea la hora, y de la hora que marquen los demás relojes cercanos.

Aunque tanto la analogía organización-reloj como las salvedades consignadas son bastante elocuentes, por algún moti-

---

5   Wallerstein, Robert S. y Sampson, Harold. "Issues in Research in the Psychoanalytic Process". The International Journal of Psychoanalysis 52, 1972, pp. 11-50.

vo insistimos en ver a las organizaciones a través de esta figura metafórica, de raigambre militar, de la máquina controlable y controlada. El vocabulario castrense se "infiltra", por ejemplo, en la "línea", la "inteligencia de mercado", el "reclutamiento" de recursos humanos, las "campañas" de ventas o publicitarias, las "posiciones" o la "planificación estratégica". Sin duda, si hay un ámbito donde el orden se yergue como un valor es el militar: jerarquías, códigos, procedimientos y otras herramientas parecen el antídoto indispensable para enfrentar de manera cohesionada el caos de la batalla. Los organigramas, los planes escritos y los procedimientos normalizados, entre otras herramientas, parecen brindarnos coordenadas que nos contienen, guían y brindan cierta previsibilidad aun cuando aprovecháramos la hora del almuerzo para filtrar información de un sector a otro, los objetivos de venta terminasen por volverse letra muerta o hayamos inventado algún truco para hacer nuestro trabajo más fácil y rápido. En términos generales, es tranquilizador ver a la organización como un hecho técnico, controlable, y no como lo que realmente es: un fenómeno político, sujeto a infinitas negociaciones entre distintas voces. Conducir una organización es, de algún modo, tener un tigre agarrado por la cola.

Llegados a este punto, cabe preguntarnos: si no funciona como un reloj, si su orden aparente no refleja siempre la realidad, ¿qué es en verdad una organización?

Para Karl Weick[6], una organización es la interacción de mucha gente que hace algo junta, guiada por pautas formales, pero también por sus propios criterios, por modalidades surgidas de su ambiente de trabajo y por la necesidad de responder a situaciones que nunca habían ocurrido. Cada miembro hace cosas intentando comprender la realidad que lo rodea: la organización es la visión macro de todo ese hacer.

---

6 Weick, Karl E. *The Social Psychology of Organizing.* Nueva York: Random House, 1979.

Además, en la práctica, las personas no interactúan con toda la organización, sino que se mueven dentro de ámbitos más o menos formalizados a los que Wenger llamó "comunidades de práctica". Cada comunidad de práctica funciona como una pequeña aldea o "parroquia" desde la cual un grupo de gente ve el conjunto. Nadie tiene una visión global de todo lo que sucede en una organización. Ni siquiera la gerencia general, porque la persona que está en esa posición sabe lo que un gerente general debe

Para Karl Weick, una organización es la interacción de mucha gente que hace algo junta, guiada por pautas formales, pero también por sus propios criterios, por modalidades surgidas de su ambiente de trabajo y por la necesidad de responder a situaciones que nunca antes habían ocurrido.

saber y su mirada es parcial, la que resulta necesaria para actuar en esa *parroquia*. Lo mismo ocurre en cada una de las *islas* o *aldeas* que conforman la organización.

Para Weick las organizaciones no son una "cosa", un "algo" dentro del cual se mueven personas, sino el conjunto de las acciones humanas de quienes interactúan en su ámbito. Un individuo en una organización recibe las acciones de los demás, las cuales pueden tener muchos significados en la mayoría de los casos y, por eso mismo, son difíciles de comprender. La realidad es difícil de interpretar y es equívoca, no por falta de significado sino porque suele tener demasiados. En consecuencia, la acción de cada uno está permanentemente orientada a interpretar los datos equívocos de la realidad a través de conductas interconectadas e interdependientes como procesos continuos de organización. Para designarlas, Weick reemplaza el sustantivo "organización" (en inglés, *organization*) por un gerundio (*organizing*), que podría traducirse como "organizándose", lo cual enfatiza el carácter de práctica, el de "un hacer" en lugar de "un ser"[7]. Puede deducirse de esta definición que, en consecuencia, la unidad mínima de análisis organizacional no son los atributos o las conductas de los individuos, sino la interacción cíclica entre al menos dos personas. La conducta de una persona es siempre contingente a la de otra, siempre guarda relación con lo que hacen los demás. Cada uno actúa sobre la base de lo que cree que los demás harán con lo que él o ella haga. Los miembros de una organización conectan sus conductas con el propósito de alcanzar algún orden o previsibilidad, y de reducir el equívoco, entendido como la multiplicidad de significados que podría tener una misma conducta.

Si para Shakespeare "estamos hechos de la materia de los sueños", para Weick las organizaciones están hechas con los mismos materiales que los lenguajes, la ciencia o las creencias: materiales que existen solo cuando hay alguien haciendo algo con ellos. De modo análogo, las organizaciones son aquello que las personas hacen cuando, estando juntas, conectan sus conductas. Así, las organizaciones solo cobran vida en la medida en que sus miembros hacen cosas coordinando, bien o mal, sus acciones. Por esta razón, Weick reemplaza *organization* por *organizing*[8]. Una organización, para nuestro autor, es "una gramática validada por consenso para reducir

---

7 En lo que sigue, nos concentraremos en la obra referida. No obstante, para quienes deseen profundizar en este abordaje, recomendamos consultar también otro importante libro de Weick titulado *Sensemaking in Organizations (Foundations for Organizational Science)*; Thousand Oaks: Sage, 1995.

8 Así, en español, un posible título del libro de Weick de 1979 sería "Psicología social del estar organizando". Se trata de una traducción algo tosca, pero tal vez más fiel al concepto elaborado por este autor.

la equivocalidad a través de conductas interconectadas razonables" (*ib.*). Analicemos en detalle esta definición.

En primer lugar, observemos que la organización no es presentada como "un conjunto de personas que toman decisiones en pos de un objetivo" o alguna idea semejante. No hay referencia a objetivos sino a personas que, junto a otras, tratan de entender o están entendiendo qué sucede a su alrededor: la organización, para Weick, es algo que está ocurriendo gracias al hacer de la gente; es un "estar organizando". Todo lo que hacen los miembros de una organización busca dar significado al mundo que los rodea, ya que este, *per se*, no tiene otro sentido que el que los humanos le atribuyamos. Las estrategias, los diseños, las decisiones, el liderazgo y tantos otros conceptos que nos sirven para pensar y trabajar en la organización son construcciones posteriores al acuerdo más o menos tácito alcanzado por sus integrantes respecto de cuál es el sentido de lo que sucede.

La anomalía como oportunidad

El *estar organizando* cobra vigor cuando las personas de la organización se encuentran frente a una anomalía, ante un hecho que no se entiende o que les resulta ambiguo. El *organizing* no es otra cosa que la labor de tratar de hallar un sentido validado, una interpretación que permita incorporar el hecho anómalo a la gramática de la organización. Cuando el fenómeno fuera de lo corriente es por fin entendido (o sea, se le atribuye un significado compartido), la actividad organizativa (el estar organizando) tiende a disminuir.

¿Qué hechos pueden constituirse en una anomalía? Veamos un par de ejemplos muy distantes en el tiempo que permiten ilustrar lo que estamos explicando. Durante el año 2020 se declaró en la Argentina una epidemia de coronavirus, que se había manifestado en China a principios de año y para el que no existían (ni existen al momento de escribirse este texto) vacunas. Además, el cuerpo humano no estaba acostumbrado a convivir con ese virus, y nadie tenía anticuerpos.

Mientras que en China y Corea del Sur habían logrado –aparentemente– contener su expansión (en el primer caso, con medidas draconianas de aislamiento para millones de personas), el virus se extendía de manera incontenible en Irán, Italia, España, el Reino Unido y otros países europeos, y llegaba a América del Norte y Sudamérica. Entre múltiples medidas, el Estado nacional argentino decidió suspender las clases presenciales del sistema educativo de todo el país en todos sus niveles de enseñanza, estableciendo una cuarentena que impedía a la población salir de sus casas o circular por las calles excepto para recibir o brindar atención médica, y comprar fármacos o alimentos.

Como docente en la Universidad de San Andrés, me encontré con que no podía asistir físicamente a las aulas y que, para continuar dando clases, solo dispondría de aplicaciones como Google Meet o Zoom, que nunca había utilizado. Sin embargo, pude hacerlo con la ayuda del equipo de la cátedra, gente más joven que yo y que me asistió, también a distancia, para que pudiera utilizar esas herramientas. En circunstancias así, se hace evidente lo que la rutina obnubila: las organizaciones no han sido diseñadas para innovar sino para repetir mecánicamente lo que alguna vez funcionó. Por eso, la adversidad puede ser una escuela insuperable para aprender a hacer lo que nunca se había hecho antes. El sociólogo Charles Perrow sostiene que las organizaciones no trabajan para lograr objetivos sino para evitar restricciones, y este es un buen ejemplo. Mientras enseñar a distancia había sido siempre un objetivo para alcanzar en otro momento, la restricción hizo que aprendiéramos a hacerlo de un día para otro.

Así es como al escribir estas líneas estamos todos haciendo lo que no había sido planeado, imprimiendo un fortísimo giro a los usos y costumbres de la rutina académica, no en función de una decisión estratégica, sino improvisando con una inesperada maestría soluciones adaptativas a un problema tan gigantesco como imprevisto. Confieso que muchas veces había probado con herramientas de enseñanza y aprendizaje a distancia, pero nunca pasaron de ser experimentos. La rutina y lo usual siempre ganaban. Ahora, estoy brindando mi curso de Comportamiento en la Organización en la Universidad de San Andrés, como todos los miembros de la cátedra, a través de clases interactivas a distancia.

El nuevo mundo digital nos ha traído un planeta más conectado que nunca y, con él, la plaga. Las oportunidades y las amenazas viajan siempre en el mismo tren; está en nosotros reconocer la diferencia entre unas y otras. Distinguir esa diferencia es la única manera de subirse a las oportunidades y alejar las amenazas.

> *El nuevo mundo digital nos ha traído un planeta más conectado que nunca y, con él, la plaga. Las oportunidades y las amenazas viajan siempre en el mismo tren; está en nosotros reconocer la diferencia entre unas y otras. Distinguir esa diferencia es la única manera de subirse a las oportunidades y alejar las amenazas.*

Del mismo modo, para muchas organizaciones el *home working* era apenas una alternativa viable para ser experimentada con cuidado en un futuro indefinido. La digitalización acercó las pestes, pero también las herramientas que permiten que el trabajo en forma remota se haga necesario y posible. Mientras esto dure, será tiempo de ensayo más o menos improvisado. Cuando todo haya pasado, distinguir las prácticas más confiables para sistematizar una nueva forma de trabajo será más fácil. Ahora sé que en casi todas las casas de estudio –la Facultad de Ciencias Económicas de la Universidad de Buenos Aires, por ejemplo– los docentes lograron hacer lo mismo con muchos más alumnos, y también sin haberlo planeado con antelación.

Este caso muestra cómo escuelas y universidades, es decir, organizaciones con sólidos (por momentos, demasiado sólidos) mapas interpretativos, se hallaron de pronto sin entender cómo hacer lo que siempre hicieron (enseñar) sin el elemento presencial. Debimos volver a pensar nuestras prácticas. Debimos ordenar nuevamente nuestro mundo porque un cambio en el ambiente había hecho que los dispositivos "escuela" y "universidad", tal como se entendían hasta entonces, dejaran de funcionar. Así, una práctica que hasta ese momento era recurrente, previsible, se había vuelto opaca, ininteligible. Era necesario reordenar el cómo se enseña para, por lo menos, entender qué desafíos debían atravesarse.

Tomemos un segundo ejemplo, que proviene de un ámbito distinto y muy distante en el tiempo y en el espacio, pero que también muestra la importancia del *organizing* frente a lo imprevisible. Ubiquémonos en Europa durante la primera mitad del siglo XIV. Estamos en plena Guerra de los Cien Años (1337-1453) entre Francia e Inglaterra[9]. La lucha entre ambos países provenía de la batalla de Hastings, que permitió a Guillermo El Conquistador, hasta entonces duque de Normandía, adueñarse de Inglaterra, desplazando y sometiendo a los pueblos celtas y germanos que la habitaban.

En los combates posteriores por el dominio del territorio, los caballeros ingleses habían conocido en carne propia (literalmente) la eficacia de los arcos largos galeses, capaces de acertar con puntería a más de 70 metros y sin precisión, pero en gran número, a más de 200. Las historias de Robin Hood muestran bien este acoso de los dominados a los dominadores. Las armas feudales no eran efectivas para enfrentar a los arcos largos y, en la medida en que los distin-

---

9 Colaboradores de Wikipedia, "Guerra de los Cien Años", *Wikipedia, La enciclopedia libre*, https://es.wikipedia.org/w/index.php?title=Guerra_de_los_Cien_A%C3%B1os&oldid= 126013945 (descargado el 21 de marzo de 2020).

tos pueblos se iban integrando y el naciente idioma inglés reemplazaba al francés de los conquistadores, los ingleses fueron asimilando arqueros galeses a sus ejércitos.

Desde el punto de vista feudal, el duque de Normandía era un vasallo del rey de Francia, y el hecho de que se estuviera en el trono de una gran nación no cambiaba esa situación. El arco largo manejado por mercenarios galeses decidió muchas batallas durante la Edad Media donde combatieron los ingleses; especialmente significativas fueron la batalla de Crécy[10] (1346) y, más adelante, la inesperada victoria de Azincourt[11] (1415).

La batalla de Crécy, desarrollada en territorio francés, es considerada la segunda gran batalla de la Guerra de los Cien años, cuando los ingleses al mando del rey Eduardo III se proponían capturar París y así poner fin a la guerra. Crécy fue donde se enfrentó un ejército inglés con otro francés significativamente más numeroso. El bando inglés tenía unos 12.000 hombres, tal vez 20.000, incluyendo 7.000 arqueros. El francés, en tanto, contaba con 30.000 –12.000 de los cuales eran caballeros montados– con el rey Felipe VI al frente. Eduardo resultó victorioso a causa del uso de tácticas y armamento superiores. Fue una batalla donde se demostró la eficacia del arco inglés (*longbow*) usado contra la caballería acorazada. Los caballeros franceses, provistos de armadura, fueron reducidos por las flechas cuando se lanzaron contra los ingleses, ubicados en una elevación. Como resultado, al-

---

10 Colaboradores de Wikipedia, "Batalla de Crécy", *Wikipedia, La enciclopedia libre,* https://es.wikipedia.org/w/index.php?title=Batalla_de_Cr%C3% A9cy &oldid=124635254 (descargado el 21 de marzo de 2020).

11 Colaboradores de Wikipedia, "Batalla de Azincourt", *Wikipedia, La enciclopedia libre,* https://es.wikipedia.org/w/index.php?title=Batalla_de_Azincourt& oldid=125774263 (descargado el 21 de marzo de 2020). Para quien esté interesado, hay una escena "en castellano" del discurso del rey Enrique V a su gente (*band of brothers*) y al heraldo en YouTube (https://www.youtube.com/ watch?v=9G3EohCaCVc). Allí mismo puede accederse a la misma escena y la película completa (dirigida y actuada por Keneth Branagh) en inglés.

rededor de un tercio de la élite de la nobleza francesa pereció en Crécy.

Esta batalla significó el principio del fin del tradicional código de caballería. Los caballeros franceses, con sus armaduras de 40 kg y montados en sus enormes caballos de guerra, creían que un ataque a la carga contra los arqueros ingleses sería devastador y definiría el combate en pocos minutos. Pero lo que ocurrió fue muy distinto. Las batallas habían dejado de ser cuerpo a cuerpo y cara a cara. Los soldados franceses se encontraron con que las armaduras habían dejado de ser una protección para convertirse en un obstáculo para enfrentar a los galeses, más eficaces matando sin tregua con sus flechas y peleando desde lejos y casi desnudos. Algunos nobles franceses se retiraron indignados del campo de batalla.

El código caballeresco de la guerra se acabó cuando se dio la orden de asesinar a la mayor parte de los prisioneros y rematar a los heridos. En Crécy, los caballeros franceses enfrentaron más que una batalla: enfrentaron (y fueron derrotados) sus propios modelos mentales frente a lo imprevisible. Esta pauta se repitió en muchas otras batallas, ya que para los caballeros franceses desaprender era un atentado a su propia identidad.

> *En Crécy, los caballeros franceses enfrentaron más que una batalla: enfrentaron (y fueron derrotados) sus propios modelos mentales frente a lo imprevisible. Esta pauta se repitió en muchas otras batallas, ya que para los caballeros franceses desaprender era un atentado a su propia identidad.*

Algo parecido sucedió en 1415, sesenta y nueve años después, en la batalla de Agincourt, librada también en tierras francesas e inmortalizada por Shakespeare en su tragedia *Enrique V*. En vísperas del combate, Enrique V escuchó que su gente se lamentaba de estar enfrentando a un ejército francés, mucho más numeroso, con la sola fuerza de unos soldados cansados y enfermos de disentería. En una escena famosa del drama shakespeariano, Enrique V arenga a sus fuerzas: les dice que no quiere un soldado más y que van a ganar la batalla porque son una "banda de hermanos" (en inglés, *band of brothers*). La expresión, como muchas otras de Shakespeare, hizo historia y –si se nos permite– en algo anticipa la idea de "comunidades de práctica" de Wenger y Lave que veremos más adelante.

Quizás el lector se pregunte si la "banda" se impuso. En efecto, lo hizo: en gran parte, gracias a los arqueros; pero también merced a la cohesión de las tropas inglesas y a la idea de Enrique V de clavar en la tierra estacas afiladas para frenar a la caballería francesa, objetivo que logró.

Acción y pensamiento

En los ejemplos que hemos desarrollado nos encontramos con organizaciones (digamos, una escuela, un ejército) que se hallan repentinamente frente a un cambio sin antecedentes en su ecosistema. Su respuesta tradicional (la enseñanza presencial o la mera superioridad numérica) no se adaptaba al nuevo escenario. No quedaba más remedio que ensayar otras prácticas, adecuadas a las nuevas condiciones del ambiente. Pero ¿cuáles?

Es habitual que tendamos a pensar que la acción (en general) y la acción organizacional (en particular) están precedidas por el pensamiento. Efectivamente, esto sucede así cuando estamos en ambientes conocidos respecto de los cuales la organización ya ha elaborado protocolos de respuesta. Así, por ejemplo, cuando ingresamos a un nuevo trabajo, nos informan de diversos procedimientos ya diseñados y previstos: "Cuando necesites más papel o lapiceras, debes comunicarte con tal sector mediante tal formulario".

Aprendemos la "teoría" sobre cómo reponer nuestros insumos de librería y la ponemos en práctica después, cuando lo necesitamos. ¿Pero qué teoría puede tener en mente un director de escuela (o el gerente de una empresa, o un rey de la Edad Media) cuando debe abordar una situación absolutamente nueva como la de 2020 o 1436? Para Weick, en estos casos, la acción es el motor del pensamiento y, por ende, del conocimiento. La teoría de este autor viene a dar cuenta de cómo funcionan los procesos de exploración de realidades nuevas o desconocidas, cuando no sabemos qué buscamos, pero podemos reconocerlo cuando lo encontramos[12].

¿Qué teoría puede tener en mente un director de escuela (o el gerente de una empresa, o un rey de la Edad Media) cuando debe abordar una situación absolutamente nueva como la de 2020 o 1436? Para Weick, en estos casos, la acción es el motor del pensamiento y, por ende, del conocimiento.

Ante un escenario inesperado, lo habitual es que busquemos en nuestro repertorio de respuestas ya elaboradas alguna que pueda auxiliarnos en la actual situación. Por ejemplo, con las clases presenciales suspendidas por la pandemia, buscamos un sistema que permitiera tener a los alumnos conectados con los temas que se estaban estudiando para poder cumplir con el programa del cuatrimestre.

La teoría evolutiva de Weick busca explicar el cambio en las organizaciones reconociendo en ellas los procesos de variación, selección y retención. Frente a un cambio ecológico (pandemia de COVID-19), organizaciones de muy diverso tipo debieron revisar sus prácticas. Las escuelas, en particular, tuvieron que comenzar a repensar el vínculo entre enseñanza y presencialidad. Algunas fueron descubrien-

---

12 Esto es lo que Gregory Bateson definía como *la paradoja del explorador* (Bateson, Gregory; *Steps to an Ecology of Mind*; Nueva York: Ballantine Books, 1972).

do formas más o menos exitosas de sostener los procesos de enseñanza-aprendizaje sin los niños en las aulas; otras fracasaron en el intento, con consecuencias serias para las poblaciones atendidas.

La metáfora evolutiva

La tarea del gerente consiste principalmente en tratar de poner orden y dar sentido a algunos de los innumerables hechos (previstos e imprevistos) con los que lidia cotidianamente. Esos eventos seleccionados, más lo que el gerente hace con ellos, constituyen lo que podemos llamar genuinamente "experiencia". El management rema en una tempestad de sucesos: personal que se ausenta y retrasos en los controles administrativos; malas condiciones climáticas para el despacho; una baja en el precio de los insumos de fabricación y florecimiento de la economía local; tecnologías para su actividad en etapa de desarrollo… y tantas otras cosas así de nimias, de propicias o de amenazantes. ¿Qué responsabilidad cabe al gerente? Tratar de clarificar el sentido de lo que ocurre y ordenarlo para volverlo más previsible. Con este fin, opera sobre el ambiente: dice, hace, promueve redes, introduce variaciones, adapta procesos; desestima eventos y construye significado con lo seleccionado para convertirlo en experiencia.

A la hora de abordar lo inesperado, lo anómalo, el gerente no está solo. No trabaja orientado por una suerte de *iluminación* sino junto a otros y con otros. Habla con su gente e intercambia impresiones e información. Ensaya: a través de su propia práctica y la de su gente, explora cursos de acción para averiguar adónde conducen. Habla para entender qué es lo que piensa. Actúa para comprender qué es lo que quiere. De este modo, el ambiente comienza a volverse más ordenado para todos. Este actuar en busca de sentido puede asimilarse a la variación en la naturaleza, aunque aquí –por supuesto– se agrega una *voluntad* de variación: mediante prácticas novedosas respecto de lo que se venía haciendo, la organización investiga cuál es la respuesta adaptativa que calza con los cambios ambientales.

El gerente habla para entender qué es lo que piensa. Actúa para comprender qué es lo que quiere. De este modo, el ambiente comienza a volverse más ordenado para todos.

Algunos podrán pensar que una conducta gerencial como la descripta sugeriría improvisación y, por ende, falta de profesionalismo por parte del management. Tal vez sea improvisación, pero no es falta de profesionalismo. Ante lo inesperado, cuando la realidad que afronta la organización deja de poder interpretarse mediante las prácticas tradicionales, la gerencia asume la responsabilidad de guiar a su gente en la laboriosa tarea de construir un sentido nuevo, porque este no "se desprende" de los objetos y sucesos, sino que son atribuidos a esos objetos y sucesos por los seres humanos que trabajan con ellos.

El hacer permite comenzar a organizar el caos, esto es, lo que no tiene aún una interpretación definida. La gente actúa para distinguir lo que fluye (porque su significado, cualquiera sea, no nos genera dudas) de lo equívoco. Como resultado, las personas determinan (seleccionan) entre lo anómalo qué cosas, hechos y eventos serán considerados relevantes para, en un momento posterior, relacionarlos y reordenarlos de una manera que les resulte significativa. En el hacer de cada integrante de la organización no solo están involucradas sus percepciones respecto del objeto de su práctica, sino también la representación que tenga en su mente de lo que cree que los demás miembros harán con lo que él lleve a cabo. Así, la acción individual es guiada por las representaciones de la acción colectiva que tiene esa persona. Por esta razón, la unidad de análisis organizacional no son los individuos que la conforman en tanto tales, sino los vínculos entre ellos y las representaciones que tienen de los vínculos, de lo permitido y lo prohibido, de lo bueno y lo malo, de lo "lógico" y lo "absurdo" en ese contexto.

Demasiados significados

Las representaciones que cada persona tiene sobre la organización como red de conductas interconectadas desempeña un papel clave en la gestión de la conducta individual. Tales representaciones se fundan en creencias, a veces comprobadas, a veces dadas por ciertas sin más a partir de lo que observamos que nuestros compañeros hacen o evitan hacer. Aunque parezca curioso, sabemos mucho menos sobre el ambiente de nuestras organizaciones de lo que creemos. ¿Por qué? Porque con frecuencia, de algún modo tácito, nos complotamos para no poner a prueba esas ideas y creencias nunca desafiadas. No debe extrañarnos que, respecto de algunas cuestiones, terminemos siendo víctimas de un límite inexistente o cancelemos posibilidades interesantes o promisorias.

Weick recurre al concepto de "equivocalidad" para dar cuenta de aquellas cosas que pueden tener diversos significados para alguien. Dejando de lado las nociones de incertidumbre y ambigüedad, el autor propone pensar que las organizaciones se mueven en ambientes más o menos equívocos, o sea, no carentes de significados sino con demasiados significados posibles.

Las organizaciones se mueven en ambientes más o menos equívocos, o sea, no carentes de significados sino con demasiados significados posibles.

Aumentó el número de productos con defectos: ¿los controles de calidad se volvieron de algún modo sutil más exigentes, los operarios están más descuidados, la maquinaria está fallando o las materias primas experimentaron algún cambio? Este ejemplo de equivocalidad pone de manifiesto también que todos los eventos están "sobredeterminados", es decir, para que algo suceda deben coincidir más causas que las que son estrictamente necesarias. En consecuencia, cualquier evento puede interpretarse como el resultado de un número significativo de causas diferentes y, por lo tanto, nada tiene una causa única y nuestra aproximación a los hechos puede ser muy diversa.

Así, la equivocalidad es un componente inevitable en la existencia de una organización. ¿Cómo enfrentar esa equivocalidad? Un camino posible es seguir la propuesta de Kurt Lewin, para quien la mejor forma de entender algo es intentar cambiarlo[13]. En suma, para entender a la organización, debemos intentar hacer algo con ella.

Hacer para entender

Weick propone pensar a la organización con la lógica de una *charada*, ese juego en que una persona debe lograr que sus compañeros de equipo adivinen el título de un libro o una película valiéndose exclusivamente de gestos. Quien hace la mímica, ¿cómo sabe qué comunica? De acuerdo con las ideas que arriesgan sus compañeros. Si él trata de representar la palabra "cantante" y los demás interpretan que dice "poeta", habrá comprendido que su gesto significa "poeta". Y solo cuando los demás adivinen la palabra "cantante" sabrá que el gesto que hizo significa eso. Hasta entonces, la persona que trate de comunicar llevará adelante apenas un soliloquio de gestos, porque son los otros quienes ponen siempre la puntuación y el significado. Por

---

13 Schein, Edgar H. "Kurt Lewin's Change Theory in the Field and in the Classroom: Notes Toward a Model of Managed Learning". *Systems Practice* 9, N° 1, 1996, pp. 27-47.

eso, Weick sostiene que solo actuando entendemos qué significa lo que hacemos, lo cual resume en su "fórmula para construir sentido": "¿Cómo quieren que sepa lo que dije si todavía no he visto lo que hice?" (1979, p. 133).

Ventajas de la memoria y el olvido

La historia de las organizaciones, como toda historia, está sujeta siempre a la reinterpretación. Evocar desde el hoy algunas historias como "éxitos" transferibles al presente nos permite reconocer y aprovechar aprendizajes valiosos. Por otra parte, cancelar la reinterpretación de esos "éxitos" a la luz de la detección de diferencias en las demandas del hoy podría dejarlos fuera del juego. Lo dicho sugiere que el equilibrio entre variación, selección y retención constituye un asunto delicado, ya que en él se despliegan las posibilidades de aprendizaje e innovación de cada organización.

Es por eso que el problema más crítico en las organizaciones no es el desorden o el olvido sino la inclinación a buscar lo conocido y ordenado, aun cuando la situación nos indique que estamos frente a algo diferente a lo ya vivido y que las interpretaciones más familiares no sirven. Como consecuencia, si la organización no se previene con respecto a esta tendencia, lo nuevo que se presente en las actividades cotidianas quedará enmascarado, permaneciendo allí como amenaza no detectada o como oportunidad desperdiciada.

Edward De Bono[14] compara la memoria con una placa de gelatina. Si se vierte un poco de agua caliente sobre ella, pronto se generará un hueco y, desde este, algunos pequeños canales. Algunos canales se conectarán entre sí; otros no. Pero todos tendrán su origen en el primer hueco. Si

---

14 De Bono, Edward. *The Mechanism of Mind.* Baltimore: Penguin, 1969.

echásemos a continuación agua fría, esta se ubicará en el hueco y los canales creados por el agua caliente. De Bono emplea estas imágenes como metáfora de lo que sucede en la organización frente a una primera experiencia (el efecto del agua caliente sobre la gelatina) y a experiencias análogas posteriores (el comportamiento del agua fría). De esta forma, se ilustra cómo los últimos datos tienden a adecuarse a las relaciones causales existentes a partir de una experiencia original. Así, el pasado da forma a lo nuevo.

Aunque la comparación de De Bono puede ayudarnos a comprender la relación entre variación, selección y retención, olvida un dato clave: el material que la organización conserva en su memoria también se reorganiza. La retención no es un simple alojar lo nuevo en circuitos viejos. Como individuos o como organizaciones, lo nuevo permite recordar elementos olvidados y olvidar otros que estaban presentes. ¿De qué depende este proceso? De una decisión importantísima: acreditar o desacreditar los recuerdos. En la tensión entre descansar en lo conocido y lanzarnos a explorar lo novedoso se juega la supervivencia de la organización. Es la tensión entre el sostenimiento de los procesos rutinarios probados y la innovación.

Ante la dicotomía acreditar-desacreditar, cabe plantear una tercera posibilidad, probablemente tanto más inquietante como inteligente: dudar. "Sabiendo lo que sé ahora, ¿debo reinterpretar lo que sucedió?" "Sabiendo lo que sé ahora, ¿actuaría de la misma manera?" La primera pregunta permite revisar nuestras retenciones. La segunda, habilita variaciones, novedades. En el contexto organizativo, ambas

En la tensión entre descansar en lo conocido y lanzarnos a explorar lo novedoso se juega la supervivencia de la organización. Es la tensión entre el sostenimiento de los procesos rutinarios probados y la innovación.

posibilidades deben tener un espacio adecuado, hay casi una obligación profesional de actuar con decisión cuando se tienen dudas y dudar cuando nos invade una profunda convicción.

Memoria y selección exigen establecer un balance nunca fácil de encontrar. La flexibilidad ante cambios de contexto es una ventaja… siempre que no alcance tal amplitud que atente contra la identidad de la organización. La rutina, en tanto, nos brinda dispositivos de eficacia probada ante contingencias recurrentes y un repertorio de respuestas ante las nuevas. Claro está que la rutina entronizada puede volvernos insensibles a los cambios del ambiente o a las oportunidades de descubrir innovaciones beneficiosas.

La flexibilidad ante cambios de contexto es una ventaja… siempre que no alcance tal amplitud que atente contra la identidad de la organización. La rutina, en tanto, nos brinda dispositivos de eficacia probada, pero puede volvernos insensibles a los cambios del ambiente o a las oportunidades de descubrir innovaciones beneficiosas.

Como quien juega una charada, la organización se comprende a través de su actuación y al hilvanarla en relatos, en historias que conforman su memoria (un aspecto clave para el aprendizaje organizacional). La calidad de la memoria depende de si está distribuida en un equipo, en una red de equipos o si es conservada por una sola persona. La fidelidad de la memoria puede tener diferentes grados de exactitud y nivel de comprensión según cómo esté organizada. Todo esto indica que la memoria organizacional no puede ser estudiada ni tratada al margen de las interrelaciones de los miembros de la organización.

En tanto experiencia, como dijimos antes, la memoria no es un agregado de datos sino una interpretación. La memoria conserva alguna información y desecha otra. Exagera y minimiza. Destaca y desdibuja. Recuerda y olvida. En suma, la memoria selecciona qué retiene. Nada de esto es un defecto sino una necesidad de la vida humana.

Ambidiestría organizacional

Para muchas organizaciones, sean grandes o pequeñas, el dilema suele ser siempre el mismo: poner las energías en hacer mejor o más barato lo que saben hacer, o invertirlas en innovar y generar nuevas posibilidades. En otras palabras, como decía el teórico de las organizaciones James G. March (1928-2018), hay que decidir cuánto explotar lo que ya hacemos bien y cuánto explorar nuevos caminos. Desde luego, no existe una respuesta correcta de antemano y, por tanto, podemos equivocarnos cualquiera sea nuestra decisión.

Descuidar lo que hacemos bien para buscar otros caminos puede ser tonto, pero confiar en que nuestro éxito de hoy seguirá mañana es ingenuo. Lo ideal es aprender a generar organizaciones donde, independientemente de su tamaño, la capacidad de innovación y de ejecución no sean excluyentes, sino simultáneas. Esto se ha dado en llamar "ambidiestría organizacional"[15], entendida como la capacidad de hacer diferentes cosas en distintos momentos o aun simultáneamente. Con este fin, es preciso a su vez desarrollar la capacidad de comprender y manejar las redes dentro de la organización, concentrar las energías para hacer lo que haya que

> *Lo ideal es aprender a generar organizaciones donde, independientemente de su tamaño, la capacidad de innovación y de ejecución no sean excluyentes, sino simultáneas.*

---

15 O'Reilly, Charles A. y Tushman, Michael L. "The Ambidextrous Organization". *Harvard Business Review*, abril de 2004, pp. 74-83.

hacer al mismo tiempo que en otras áreas se las dispersa para poder descubrir qué debería hacerse.

Este tipo de dilemas es común en organizaciones innovadoras; la cultura organizativa que Elon Musk necesita para inventar autos eléctricos y autónomos no es la misma que requiere luego su fabricación en serie. Sostener simultáneamente ambas culturas en la misma organización es probablemente uno de los mayores desafíos que enfrenta Tesla.

En realidad, las organizaciones suelen innovar mucho más de lo que ellas creen. Obtener resultados confiables –esto es, de acuerdo a lo esperado– exige no hacer siempre lo mismo mecánicamente sino adaptarlo a las variaciones más o menos marcadas que puedan producirse. Esa capacidad de innovación –entendida como habilidad de responder con efectividad a lo imprevisto– es frecuentemente pasada por alto, incluso cuando contiene la potencia de generar resultados valiosos.

Las organizaciones suelen albergar innovaciones posibles de manera latente. Para ponerlas en acto, es necesario combinar ideas, energías y habilidades de las personas que están trabajando en áreas o sectores quizás desconectados o cuya relación no resulta obvia. Se suele olvidar que los organigramas reflejan agrupaciones de la gente que optimizan los procesos previstos para lograr resultados con ciertas tecnologías y en ciertas condiciones, pero cuando esas tecnologías o esas condiciones cambian, los mismos organigramas que antes generaban eficiencia pueden inhibir intercambios estimulantes de ideas y saberes necesarios para generar respuestas adaptativas a la nueva situación.

El management tiende a creer que la innovación comienza con buenas ideas y dan por supuesto que ellas surgirán dentro de sus propios equipos, porque es lo que mejor conocen. Aunque en muchos casos sea así, las posibilidades más interesantes se presentan cuando gente de diferentes unidades de negocio intercambia ideas. La colaboración entre unidades combina conocimientos de diferentes áreas a fin de desarrollar nuevos productos y negocios. Aunque sus ventajas son muchas, esos cruces no se logran fácilmente: las "guerrillas internas" muchas veces son más fuertes que la orientación hacia los resultados.

Otra fuente de generación de ideas innovadoras es el contacto con interlocutores externos, incluyendo desde consultores especializados, cámaras empresarias y expertos de otras industrias o actividades, hasta clientes, usuarios, competidores, universidades, inversores, centros de investigación y proveedores. La selección entre esas variaciones permite organizar redes, e hilvanar sugerencias y perspectivas diversas. De este modo, la organización puede capitalizar ideas latentes en el contexto y convertirlas en oportunidades.

La escasez de buenas ideas nuevas reconoce por lo general una misma causa profunda: la falta de redes adecuadas. Esto significa que el management no logra forjar vínculos de calidad dentro o fuera de su organización.

En la trastienda de toda organización que innova, o que fracasa al innovar, hay redes de vínculos que se extienden dentro y fuera de la ella. De la calidad de esos vínculos depende directamente la capacidad para construir sentido, leer las posibilidades y convertir esas posibilidades en proyectos conjuntos y factibles. La innovación requiere liderazgos capaces de enfrentar la complejidad y explorar en forma conjunta con el colaborador por qué lo que ayer funcionaba hoy ya no sirve y cómo podemos responder a problemas que nunca antes habíamos enfrentado.

CAPÍTULO 3

El rol del management

Ya hemos caracterizado en diversas oportunidades un tipo de management, emparentado con modelos como el de Fayol, que consagra en posiciones de jefatura a aquellos hombres (raramente "a aquellas mujeres") deseosos de poder, una aspiración que –según David McClelland (1917-1998)– constituye una de las tres necesidades humanas básicas junto con las de *logro* y *pertenencia*. Esa tipología era consistente con la producción estandarizada y a gran escala. Pero ¿qué ocurre cuando se preserva esta manera de gerenciar en tiempos en que la competencia y la sistemática segmentación de los mercados obliga a las organizaciones a revisar e innovar constantemente sus productos, el diseño de sus procesos y hasta sus estructuras funcionales? Insistir en la obediencia como la lógica relacional preponderante y definitoria de la organización es hoy más una estrategia para el suicidio que una mecánica exitosa de evolución adaptativa. Por lo demás, conviene señalar que es posible que el poder para sostener un determinado *statu quo* se obtenga mandando u ocupando posiciones dominantes; sin embargo, el poder para manejar conflictos complejos de tal manera que sea posible sostener procesos de innovación prolongados requiere conocimientos, autoridad moral, persuasión, consistencia y otras cualidades más sutiles.

Las organizaciones ambidiestras[1] demandan líderes que estén en condiciones de abordar la complejidad y de explorar con su gente la respuesta a problemas nunca antes enfrentados, al mismo tiempo que sostienen sus actividades tradicionales. La organización ambidiestra exige un nuevo management. Que jerarquice la construcción colectiva de sentido y conocimiento por encima del ejercicio del poder. Que aliente y acompañe la exploración y la experimentación. Que identifique el error como una oportunidad de aprendizaje. Que ponga en valor el aporte especializado de sus equipos, y contribuya a tender redes productivas y enriquecedoras entre ellos. Que controle tanto el cumplimiento de los protocolos como la creación del ambiente adecuado y favorable para la innovación.

El cambio que supone el nuevo management necesita que se abandone el concepto de liderazgo como algo que empieza, termina y se organiza siguiendo el ordenamiento de un organigrama. El taylorismo más rancio y tradicional sobrevive aún en las organizaciones más dinámicas bajo aquella idea de "piensan los de arriba y hacen los de abajo". La idea de que pensar y hacer son actividades disociadas daba sentido y entendimiento a la naciente estructura industrial de fines del siglo XIX (y tantísimos éxitos reportó a miles de organizaciones), pero el liderazgo del siglo XXI migra hacia un modelo donde solamente una constelación de respuestas imprevistas puede dar solución a lo imprevisible. Los problemas inesperados que surgen no pueden ser enfrentados sino con respuestas que probablemente sean inicialmente improvisadas y luego ensayadas, identificadas, probadas y propuestas desde cualquier posición que no esté

---

1   *Cfr.* Capítulo 2.

divorciada de la práctica cotidiana. Si una sistematización y una evaluación de esas respuestas fuera necesaria –y seguramente lo será–, se hará después de los hechos y dará lugar a un repertorio de respuestas posibles o no aconsejables para la próxima vez. Esto señala el reconocimiento de la existencia de los liderazgos espontáneos, por lo general distribuidos entre muchos miembros de la organización. Liderazgos que no se arraigan ni se asocian a un tipo de posición predeterminada sino a la dinámica adaptativa propia de una organización obligada a desenvolverse en un entorno caracterizado por la recurrente aparición de lo imprevisto.

El liderazgo del siglo XXI migra hacia un modelo de constelación de respuestas improvisadas e imprevistas a los problemas que surgen, ensayadas, identificadas, probadas y propuestas desde cualquier posición cercana a la práctica cotidiana.

Se trata de líderes momentáneos, que aparecen y desaparecen, solucionando cosas que nadie había pensado que iban a ocurrir ni que ellos iban a enmendar. Algunas pocas de esas respuestas espontáneas resultan exitosas, se afincan, se convierten en líneas de trabajo y, en algún momento, son instituidas y pasan a ser una estrategia. Como la mayor parte de los intentos son eliminados por no ser adecuados o por mudanzas del contexto, la organización necesita mucha iniciativa y muchos destellos de liderazgo para poder enfrentar las circunstancias. Para que esa variedad de respuestas aparezca y las adecuadas sean seleccionadas, es preciso que la autoridad cumpla con su deber: guiar, contener y fijar reglas de juego claras. Si la organización cuenta con gente bien formada y con una educación generalista, bajo una guía, contención y reglas claras, el liderazgo aparecerá y rotará continuamente, a veces entre quienes tienen autoridad y a veces entre quienes carecen de ella. La mayor e indelegable responsabilidad de la autoridad organizacional es promover, sin temores, la confianza necesaria para que esa clase de liderazgo se geste y prospere. Por esta razón, vale la pena detenernos una vez más –y tantas como sea necesario– en qué liderazgos necesita la organización ambidiestra.

Organizaciones y autoridad

¿Qué formas adoptan las organizaciones para impulsar los cambios tecnológicos o para adecuarse a ellos? De acuerdo con Frederic Laloux[2], puede identificarse distintos tipos de organizaciones, desde aquellas establecidas alrededor de un poder concentrado en su dirección (un modelo vertical) a las *holocracias* (donde el poder está distribuido horizontalmente). (*Cfr.* figura 1, en la página siguiente.)

- **Organizaciones basadas en el poder.** Son las más primitivas, tanto por lo rudimentario de su estructura como por ser de las primeras que existieron. Se trata principalmente de grupos humanos aglutinados por una dirección concentrada en pocas manos. Esta tipología se corresponde tanto a las bandas de cazadores recolectores del Paleolítico y las tribus de tiempos históricos, entre otras, como a ciertas empresas familiares que, en nuestros días, se mantienen nucleadas por la figura de un dueño omnipresente que todo lo maneja.
- **Organizaciones basadas en las jerarquías.** Para Laloux, este tipo se conserva más claramente en algunas estructuras militares y la Iglesia católica, aunque se sigue dando en casi todas las organizaciones.

---

2 Laloux, F. *Reinventing Organizations. A Guide to Creating Organizations Inspired by the Next Stage of Human Consciousness.* Nelson Parker: Bruselas, 2014.

Organización	Características sobresalientes	Ejemplos	Rupturas	Metáfora guía y color distintivo
Basada en el poder	• Jefe poderoso • Reactividad	• Mafia • Patota • Milicia tribal • Empresa familiar	• División del trabajo • Autoridad concentrada	• Tribu • Color: rojo
Basada en las jerarquías	• Roles • Jerarquías	• Ejército • Iglesia	• Roles formales • Procesos	• Ejército • Color: ámbar
Centrada en el logro	• Competencia • Utilidad • Metas	• Multinacionales • Escuelas	• Innovación • Rendición de cuentas • Meritocracia	• Máquina • Color: naranja
Ágil	• Piramidales • Enfocadas en la cultura y la motivación	• Southwest Airlines • Empresas de desarrollo de software	• Clientes • Valores • Compromiso	• Equipo • Color: verde
Holocrática	• Sin orden jerárquico • Proceso de asesoramiento	• Buurtzorg • Patagonia • Morningstar	• Organizaciones antifrágiles • Entereza • Propósito evolutivo	• Organismo viviente • Color: esmeralda

Figura 1. Las organizaciones y la autoridad
(Laloux, 2014).

Aquí el concepto de poder está más institucionalizado: la organización define las posiciones y sus atribuciones en forma explícita y con independencia del individuo que las desempeñe.

- **Organizaciones centradas en el logro.** Es la típica empresa que responde al canon de la Modernidad. Combina el poder, las jerarquías y una dinámica orientada al logro de resultados predeterminados.
- **Organizaciones ágiles.** Son estructuras que, a diferencia de las organizaciones industriales típicas, aceptan la complejidad de anticipar y ordenar *ex ante* y de manera general qué hay que hacer, quién debe hacerlo, cuándo debe hacerse y demás. El fenómeno responde al imperativo de innovar: constantemente se están haciendo cosas que no se habían hecho antes. Con este fin, el trabajo grupal adquiere protagonismo y es dotado de una mayor autonomía y margen de experimentación para responder a las situaciones peculiares a las que se enfrenta. Las organizaciones ágiles responden a una lógica competitiva que se inició hacia mediados del siglo XX y que devino en la marca de época del siglo XXI.
- **Organizaciones holocráticas.** Existen pocos ejemplos de estas organizaciones establecidas en torno a sistemas predeterminados de acuerdos entre distintos grupos a partir de los cuales, con cierta independencia de las jerarquías, pueden adoptarse decisiones. La idea es que, así como una célula humana respira, se alimenta y se conecta con su entorno por sí misma, es también parte de un todo mayor. De manera análoga, es posible pensar una organización en la que pequeñas unidades puedan moverse con altos grados de autonomía siempre que logren acordar sus propuestas con las otras personas de la organización que puedan estar interesadas o verse afectadas.

Cada tipo de organización supone un manejo diferente de la autoridad y el liderazgo, o sea, de la manera en que algunas personas pueden hacer que otras hagan cosas que, sin su intervención, no harían. Detengámonos en este punto.

Los que hacen que otros hagan

Paul Hersey y Ken Blanchard[3] desarrollaron hace ya más de cuatro décadas un modelo de *liderazgo situacional*. Si bien este aporte puede considerarse "viejito", provee un abordaje valioso que sigue resultando de utilidad para pensar la cuestión. Empleando un cuadro de doble entrada (Figura 2), la abscisa representa el mayor o menor énfasis en la tarea, mientras que la ordenada hace lo propio con el énfasis en la relación del que "hace que otros hagan" (a quien Hersey y Blanchard llaman "líder") con quien hace. Las cuatro áreas que quedan definidas señalan las combinaciones típicas de estas variables.

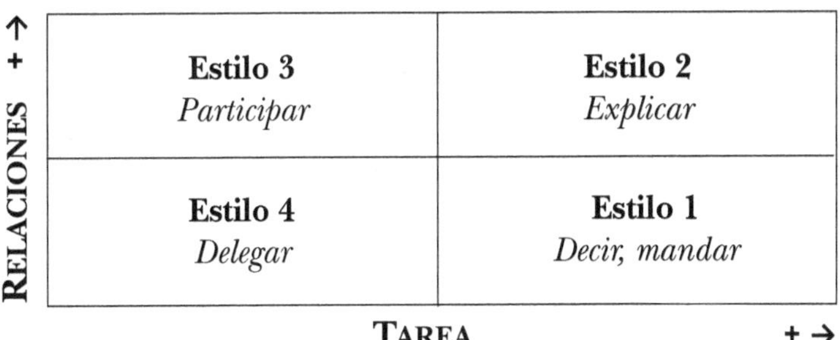

Figura 2. Modelo de liderazgo situacional
(Hersey y Blanchard, 1977).

---

3   Hersey, P. y Blanchard, K.H. *Management of Organizational Behavior: Utilizing Human Resources* (3ª ed.). Nueva Jersey: Prentice Hall, 1977.

El cuadrante correspondiente al estilo 1 representa el mayor énfasis en la tarea y el menor énfasis en las relaciones entre quien lidera y quien es liderado. Consiste en decir, mandar, ordenar. El estilo 2, aun manteniendo el énfasis en la tarea, atiende a las relaciones, brindando motivos para hacerla, ayudando a lograrla, explicando cómo y para qué. Si reflexionamos brevemente, veremos que alguno de estos dos estilos seguramente aparece como uno de nuestros preferidos y que los tomamos casi como "naturales". El modelo de Hersey y Blanchard define también el estilo 3 ("participar", esto es, mucho énfasis en las relaciones interpersonales dejando la tarea más librada al saber del que hace) y el estilo 4 (que ya no supone la participación sino un liso y llano delegar, obviando el ocuparse tanto de la tarea como de la relación con quien hace).

¿Cuál es el mejor de estos cuatro estilos? Para nuestros autores, todo depende de la situación, esto es, de lo que el grupo o la persona conducida necesite. Esta necesidad depende, a su vez, del grado de madurez que los sujetos que hacen han alcanzado respecto de su tarea. Nótese que no se habla de la madurez de las personas en general, sino de su habilidad para llevar adelante el trabajo. Cada uno de nosotros presenta diversos grados de maduración según la tarea en que se nos evalúe: un reconocido académico del Derecho puede estar muy maduro para dictar una clase magistral sobre un tema de su especialidad y, asimismo, calificar como un poco prometedor principiante a la hora de alfabetizar a un niño de seis años o caminar en una cuerda floja. La madurez la define el vínculo con la tarea; por esta razón, para Hersey y Blanchard, la conveniencia de un tipo de liderazgo u otro solo puede definirse en función de lo que deba hacer el liderado y de su madurez para llevarlo adelante (*cfr.* Figura 3).

MADUREZ ALTA		MADUREZ MODERADA	MADUREZ BAJA
MADUREZ 4	**MADUREZ 3**	**MADUREZ 2**	**MADUREZ 1**
Sujeto muy capaz y dispuesto para la tarea	Sujeto capacitado para la tarea pero aún no dispuesto a llevarla a cabo	Sujeto incapaz, pero dispuesto a desempeñar la tarea	Sujeto incapaz e inseguro para realizar las tareas

Figura 3. Niveles específicos de madurez para una determinada tarea
(Hersey y Blanchard, 1977).

Como se observa en la figura, los niveles de madurez 1 y 4 hablan por sí mismos. Por lo demás, nótese que el nivel 2 describe a un audaz: no sabe hacer demasiado bien la tarea, pero está dispuesto a experimentar.

Al respecto, cabe recordar al viejo Aristóteles cuando decía que la audacia (al menos la de este tipo) se aleja de la virtud por exceso: ¿quién estaría dispuesto a someterse a una cirugía con un profesional no del todo capacitado pero voluntarioso? Sin duda, estaríamos en presencia de un ávido aprendiz, pero difícilmente lo lancemos al ruedo sin una estrecha y estricta supervisión de su maestro. El nivel 3, en tanto, pone en evidencia no solo que existe una diferencia entre la madurez técnica y la madurez psicológica sino, además, que la primera precede a la segunda (igual que el título universitario precede a la práctica profesional autónoma y plena). Es común que alguien sepa hacer la tarea (madurez técnica) pero que se sienta inseguro o ineficiente (inmadurez psicológica) a la hora de desempeñarse (por ejemplo, no logra solicitar los insumos a tiempo, relacionarse con las otras áreas de la organización que actúan como proveedores o cliente internos, así como estimar y prever eventuales contratiempos). Estos diferentes niveles de maduración (técnica y psicológica) explican con frecuencia por qué, cuando nos despertamos en medio de la noche tensos y preocupados por un tema de trabajo, el problema que nos inquieta está relacionado –por lo general– con el manejo de una situación que remite a lo vincular antes que a una dificultad técnica.

El modelo de Hersey y Blanchard cruza los niveles de madurez con los tipos de liderazgo a fin de identificar los más convenientes en cada caso (Figura 4).

Figura 4. Liderazgo sugerido respecto de los niveles de madurez para la tarea (Hersey y Blanchard, 1977).

Cuando una persona no tiene capacitación ni seguridad para hacer su tarea (nivel de madurez 1), sin duda, el estilo de liderazgo "decir, mandar" resulta adecuado, porque necesita ser guiado muy de cerca. El estilo "explicar" (liderazgo del tipo 2) se aplica bien a quien ya ha dado sus primeros pasos en la tarea (madurez 2) y ahora está en condiciones de comenzar a interiorizarse más sobre su lógica y las implicancias para el resto de los trabajos que se llevan a cabo en la organización. En el nivel de madurez 3, la capacitación técnica está garantizada, pero el individuo requiere aún de acompañamiento para ganar en seguridad, esto es, en madurez psicológica. Para ello, debe ser animado, puesto en contacto con otros con quienes pueda compartir dudas, hallazgos, experiencias y, sobre todo, que lo ayuden a ubicarlo en la organización, abrirle contactos y darle identidad en otras áreas con las que deba estar en contacto fluido: estas son las tareas de un liderazgo tipo 3, que promueve participar poniéndose a disposición de la persona que hace, y ofrece ayuda y colaboración. Por último, cuando la persona domina su tarea y se encuentra suficientemente motivada, la delegación es el gesto que confirma y fortalece esa situación (estilo de liderazgo 4).

Una observación adicional: el vínculo entre quien hace y quien hace que haga puede combinar más de uno de los estilos de liderazgo descriptos por Hersey y Blanchard. Pensemos, por ejemplo, en alguien que acaba de desarrollar un producto absolutamente innovador. Muy probablemente este logro haya sido alcanzado desde un nivel 4 de madurez técnica y psicológica. Sin embargo, quizás porque desconoce el tema, tal vez porque no estaba de antemano en su horizonte de intereses, ese desarrollador podría no identificar la oportunidad de generar una patente a partir de su producto. En este caso, es posible que la misma persona que le ha dado carta blanca para que lleve adelante su trabajo (ejerciendo un estilo 4 de liderazgo), adopte un estilo 1 (decir, mandar) para que quien desarrolló el producto concrete el proceso de patentamiento o colabore con él.

Hasta aquí hemos analizado el liderazgo según la mirada de Hersey y Blanchard. Como puede apreciarse, es interesante cómo el modelo da cuenta de una serie de situaciones y de dinámicas muy corrientes en las organizaciones. No obstante, cabe formular una precisión: desde nuestra visión, el modelo no habla de liderazgo sino de autoridad. ¿Por qué? Porque se construye dando por supuesto que se está trabajando sobre situaciones bien conocidas: en todos los casos, el modelo parte de la base de que hay alguien (quien hace que se haga o quien hace directamente) que sabe qué debe hacerse. Nunca hay una pregunta nueva para la que haya que explorar a fin de hallar o crear una solución.

Lo que varía en los cuatro cuadrantes es quién está en posesión de la respuesta técnica. Y esto se maneja con autoridad. Por lo demás, cabe subrayar que la autoridad es clave en la organización ambidiestra porque garantiza el sostenimiento de la rutina, de los procesos probados que mantienen la cotidianidad de la organización y señala las reglas de juego, lo propio y lo impropio, lo sensato y lo disparatado en ese contexto. Lo importante es lograr que su ejercicio no obstaculice las oportunidades de innovación enmascarando los cambios internos y externos como errores o anomalías a rectificar para que las prácticas ya conocidas se adecuen.

Liderazgo y adaptación

A diferencia de la autoridad que es explícitamente instituida, el liderazgo surge cuando alguien busca respuestas adaptativas frente a situaciones nuevas, no rutinarias. Cobra visibilidad cuando ni el jefe ni nadie (dentro o quizás fuera de la organización) sabe qué se debe hacer frente a lo *imprevisto e imprevisible.* En este escenario, la respuesta debe ser creada, es decir, debe generarse conocimiento.

El liderazgo surge cuando se buscan respuestas adaptativas frente a situaciones nuevas, no rutinarias.

La distinción entre autoridad y liderazgo resulta clave. En primer lugar, debemos observar que no siempre coinciden en una misma persona o en una misma instancia organizacional. La historia es pródiga en ejemplos de grandes líderes que carecían de autoridad: Martin Luther King, el Mahatma Gandhi y el perito Francisco Pascasio Moreno fueron personas que, sin contar con autoridad, impulsaron profundas transformaciones sociales, produjeron auténticas revoluciones.

La autoridad es un elemento clave: guía, orienta, protege, contiene, ordena y –muy importante– fija reglas de juego. Pero no es liderazgo. Desde luego, toda autoridad tiene liderazgo en mayor o menor medida. La organización puede conferir autoridad, nombrar jefes, pero no puede designar líderes. Los líderes son emergentes que surgen del contexto.

Aceptar que gran parte de la dinámica de una organización no depende directamente de sus dirigentes es un trago amargo para quienes creen que obtener autoridad habilita para todo. Lo real es que aspectos clave de la dinámica organizativa no funcionan por obediencia, sino por creación de significado. El liderazgo, las comunidades de práctica (sobre las que hablaremos más adelante) y los equipos son algunas de ellas. Nadie puede designar una comunidad de práctica o un equipo. Es posible, por supuesto, armar grupos para encarar cierta tarea, problema o proyecto; pero que el grupo devenga en comunidad de práctica o en equipo no será producto de una decisión gerencial, sino de un proceso evolutivo. Lo mismo ocurre con el liderazgo: puedo designar gerente, director, jefe o incluso mariscal a alguien de la organización; pero no puedo designarlo líder. Del mismo modo, puedo plantar un arbusto en mi jardín, abonarlo, regarlo y curarlo; pero no puedo determinar que crezca, florezca o dé frutos. Del mismo modo que eso no hace que no sea buen jardinero, debería entenderse que, si ciertos procesos clave no responden a mis órdenes, eso no mengua mi autoridad.

Recíprocamente, un líder puede carecer de autoridad y hasta desconocer que está liderando, es decir, puede permanecer inconsciente de que está encontrando soluciones espontáneas a problemas que han aparecido; puede no darse cuenta tampoco de que está haciendo un aporte valioso a la organización y de que está siendo imitado por otros. Esta falta de percepción del fenómeno del liderazgo lo torna a veces invisible, tanto para la autoridad como para el conjunto de la organización (de hecho, muchas viven sin saber del liderazgo de sus propios miembros y de cuánto dependen de esa capacidad al enfrentar la cotidianeidad).

¿En qué consiste el aporte de un líder? En la introducción de una conducta adaptativa exitosa. El liderazgo no es una condición, un rasgo de carácter ni una cualidad del individuo: es algo que la gente hace en determinadas situaciones. El liderazgo es la obra de una persona a la que los demás dan un significado. Tiene que ver más con la supervivencia que con la rutina; sirve para abordar una situación nueva o para aprovechar una oportunidad aún inexplorada. El liderazgo es espontáneo y puede conjugarse o no con la autoridad. Por eso, todos somos en algún momento líderes en algo y para alguien,

> *El liderazgo no es una condición, un rasgo de carácter ni una cualidad del individuo: es algo que la gente hace en determinadas situaciones.*
> *El liderazgo es la obra de una persona a la que los demás dan un significado.*

aunque sea para ayudar a la abuela a usar el teléfono móvil. El liderazgo es un fenómeno mucho más cotidiano de lo que solemos creer.

El líder es líder, incluso, cuando aún no tenga seguidores. O sean muy pocos. Esto último seguramente resulte extraño a muchos lectores. Sin embargo, pensemos en una figura como la de Vincent van Gogh, quien en vida vendió solo algunas de sus pinturas por monedas. Nadie parecía darse cuenta de que estaba haciendo algo importante, sobresaliente, y explorando nuevos territorios para las artes plásticas y para la percepción. Solo más tarde su obra fue considerada descollante, al tiempo que su precio escaló hasta las nubes.

Sobre héroes y líderes (excurso)

Con cierta frecuencia, liderazgo y heroísmo se confunden. Sin embargo, no todos los líderes son héroes. Algunos líderes pasan desapercibidos como figuras, no así su influencia en quienes interactúan con ellos y tomaron (aun sin darse cuenta) su singular aporte.

A propósito, recordemos la increíble (y terrible) hazaña de los jóvenes rugbiers cuyo avión se estrelló en los Andes y que narramos en el Capítulo 1. La épica caminata de más de 60 kilómetros de nieve, precipicios y temperaturas imposibles que Roberto Canessa y Fernando Parrado emprendieron desprovistos del más mínimo equipamiento, no solo permitió que el grupo fuera rescatado 72 días después de ocurrido el accidente: convirtió a esos dos chiquilines en verdaderos héroes, autores de una proeza sobrehumana. Ellos fueron quienes se animaron a hacer lo que ninguno de los otros podría haber hecho. No obstante, como señalara Pedro Algorta, el liderazgo en sentido estricto circulaba de un modo diferente. Todos los problemas que enfrentó el grupo eran absolutamente nuevos para sus integrantes: curar heridos de gravedad, racionar las escasísimas provisiones y tomar decisiones de supervivencia inimaginables, mantener la cohesión del conjunto ante situaciones de vida o muerte, intentar que el ánimo no decayera al punto de abandonarse a un fin que parecía inevitable… Ante cada desafío, la respuesta adaptativa necesaria no provino siempre de las mismas mentes. Tampoco su puesta en práctica. La idea y la mano ejecutora tuvieron autores y protagonistas diversos, emergentes en cada coyuntura. Los sobrevivientes de los Andes conformaron un grupo donde la autoridad –si la hubo– fue difusa, el liderazgo rotó según la situación y el heroísmo encarnó en quienes pudieron ejecutar las decisiones del conjunto.

Liderazgo y vínculos de calidad

Más allá de nuestro excurso, debemos admitir que las visiones heroicas del liderazgo son bastante corrientes y tradicionales. Identifican al líder como un ser omnisciente, omnipotente; como un faro que convoca y orienta a montones de personas porque sabe más que todos. En este caso, el uso del masculino no es convencional ya que, por lo general, esa figura se la piensa asociada a un hombre. Vale la pena subrayar: para este concepto de líder, la definición supone hablar de características de ese sujeto, no de los atributos de su conducta. Este libro, en cambio, sostiene otro concepto de liderazgo: conducta adaptativa exitosa que una persona desempeñó en determinada circunstancia y que, por su efectividad, fue copiada por los demás, esto es, fue incluida en sus repertorios de respuestas a situaciones análogas. Por esta razón, al partir de esta definición que aquí proponemos, podemos asegurar que las organizaciones enfrentan cotidianamente el desafío de garantizar que la autoridad no mate, no anule, no desactive los diversos liderazgos emergentes[4].

> *Entendemos el liderazgo como una conducta adaptativa exitosa que una persona desempeñó en determinada circunstancia y que, por su efectividad, fue copiada por los demás, esto es, fue incluida en sus repertorios de respuestas a situaciones análogas.*

El liderazgo no tiene que ver con el "todo lo puede" ni con el "todo lo sabe". Es una figura mucho más cotidiana. Me ha ocurrido más de una vez que una organización me convocara como consultor externo porque enfrentaba una supuesta "crisis de liderazgo". No hacía falta relevar mucho para darse cuenta de que no se trataba de una crisis de liderazgo sino de autoridad: el liderazgo estaba vivo, floreciente, emergiendo por todas partes, tanto que se le escapaba a sus jefes, y esas iniciativas, ideas y ánimo por hacer cosas nuevas los atemorizaba. En ese escenario, lo que suele ocu-

---

4 Heifetz, R. A. *Leadership Without Easy Answers*. Cambridge (Mass): Harvard University Press, 1994.

rrir es que las autoridades no prestan atención a las voces del liderazgo que vienen "desde abajo"; por el contrario, les tienen miedo. Esta es la razón por la que señalamos la importancia de que la autoridad no mate al liderazgo.

Las organizaciones hoy buscan el talento como antes buscaban solamente capitales y tecnología porque, en la actualidad, es un factor decisivo para sobrevivir y prosperar[5]. Gestionar el talento no consiste tanto en encontrar personas que dispongan de él, como de saber utilizarlo. Por lo general, lo más habitual cuando se aborda una organización no es que carezca de talentos, sino que no se los aproveche, ya sea porque no se los reconoce o porque están apartados de las redes de innovación y de decisión, lo que impide que entren en acción.

Activar el talento existente –esto es, alentar y promover su despliegue– exige generar un ambiente de diálogos inteligentes. Esto significa procurar que en la organización se desarrollen vínculos de calidad, una responsabilidad central e indelegable del management. El cultivo de tales relaciones alcanza no solo a los actores internos de la organización sino también a los externos (clientes, proveedores y competencia). Los vínculos de calidad, devenidos en un factor crítico para la generación de respuestas adaptativas, suponen un tipo de colaboración que excede las previsiones formales de organigramas y descripciones de puestos. Abarcan también (y sustantivamente) las redes informales que se tejen cuando hay que enfrentar lo inesperado.

> *Activar el talento existente –esto es, alentar y promover su despliegue– exige generar un ambiente de diálogos inteligentes. Esto significa procurar que en la organización se desarrollen vínculos de calidad, una responsabilidad central e indelegable del management.*

---

5 Gore, E. y Gingold, L. "El talento no falta", Clarín, 1º de junio de 2018.

A pesar de que la colaboración está en el corazón de los procesos de negocios actuales, la mayor parte de las organizaciones no ha descubierto aún cómo manejarse con las redes informales. De hecho, aunque la mayoría de los ejecutivos suele aceptar que las redes profesionales son críticas para su desempeño, muy pocos a la hora de ser sinceros se autoevalúan como efectivos para gerenciarlas de manera eficaz. ¿Cómo explicarlo? Tal vez porque los ejecutivos pretenden abordar esas redes con las mismas herramientas formales que fueron útiles para conseguir la excelencia operativa: establecer roles definidos, mejorar prácticas de procesos, solicitar rendiciones de cuentas (*ib.*).

Si bien esas herramientas son necesarias, no son suficientes para lograr la calidad de los vínculos cuyo fomento la autoridad debe liderar. Las redes informales de colaboración constituyen espacios insoslayables para alcanzar la excelencia operativa, el aprendizaje y la innovación. En las más diversas organizaciones (de servicios, de desarrollo tecnológico, de producción de bienes) las soluciones innovadoras emergen de las interacciones no planificadas e informales entre personas que abordan los problemas desde perspectivas diferentes, colaborando en la elaboración de respuestas a preguntas que los procesos y las estructuras establecidos no pueden atender.

Detectar las redes informales de aprendizaje e innovación, identificando los talentos ocultos, permite reconstruir el patrón de colaboración existente, sus fortalezas y sus ineficiencias. Es imprescindible que el management asegure las condiciones adecuadas para que quienes podrían agregar valor o generar ideas disruptivas tengan contacto y colaboren, para que se los consulte cuando es preciso desarrollar una solución innovadora, y para garantizar que la organización esté aprovechando el conocimiento existente y no reinvente la rueda todo el tiempo.

Como veremos en los Capítulos 4 y 5, las redes informales de colaboración son un valor en sí mismo, pues allí reside el potencial organizacional de creación de conocimiento e innovación; son el espacio privilegiado para poner en común abordajes diversos, brindar ayuda y recibirla. Cuando las organizaciones operan sin una perspectiva de redes formales e informales entre los miembros de un equipo, entre unidades o entre áreas, los recursos se distribuyen de un modo ineficiente y el talento se desperdicia. La autoridad debe fijar el sentido, orientar; debe explicitar las reglas de juego; debe brindar confianza y compromiso. El liderazgo, cualquiera sea su origen, debe preservarse porque ahí se produce el conocimiento organizativo. El compromiso y la confianza que circulen hacen a la calidad y la capacidad de la organización como mente colectiva, un concepto definido por Karl Weick que abordaremos un poco más adelante.

> *El management debe asegurar las condiciones para que quienes podrían agregar valor o generar ideas disruptivas tengan contacto y colaboren, para que se los consulte cuando es preciso desarrollar una solución innovadora, y para garantizar que la organización esté aprovechando el conocimiento existente.*

Organizaciones de alta confiabilidad

Si todo lo expuesto hasta ahora nos lleva a concluir que las organizaciones inspiradas en las teorías de Fayol se muestran día a día más inadecuadas para atender a las exigencias del contexto actual, ¿qué organización podría sugerirnos hoy las características —al menos, algunas— que un nuevo modelo organizacional debería reunir? A fin de responder a esta pregunta, describiremos las así llamadas "organizaciones de alta confiabilidad", una tipología conocida también por las siglas en inglés HRO (*high reliability organizations*).

Una planta nuclear, una petroquímica o un gran hospital son buenos ejemplos de HRO. Organizaciones que deben alcanzar altísimos grados de eficiencia pero, aun así, eso no es lo más importante allí. Más importante que la eficiencia es la confiabilidad. Un hospital podría ahorrar mucho dinero escatimando el desinfectante, solo que atenderse allí sería una desgracia para cualquier doliente. El desastre de Chernobyl se originó en el intento de prescindir de algunos seguros "redundantes". Quizás el ejemplo más citado sea el de los portaviones. Estos "monstruos", cuyas dimensiones rondan los 300 metros de largo y una altura equivalente a un edificio de seis o siete plantas, pueden estar diseñados para transportar y operar aviones, helicópteros y drones, trasladar tropas de asalto, escoltar flotas marítimas y otras tareas. Un portaviones común (si algo puede considerarse "común" en esta clase de buques de guerra) lleva a bordo hoy a unas seis mil personas, dos centrales nucleares y una planta eléctrica como para abastecer a una ciudad mediana. Ofrece una pista de aterrizaje con apenas la octava parte de la extensión de una pista normal en tierra, lo cual torna su operación extraordinariamente desafiante para los aviones que, con diferencia de minutos y hasta segundos, despegan y aterrizan cargados de tripulación y poderosísimas armas y municiones. A modo ilustrativo, digamos que para el mes de mayo de 2017, el más pequeño de los cinco portaviones más grandes del mundo podía transportar 40 aviones[6].

Con tantas y tan delicadas tareas complejas entre manos, el sentido común nos inclina a pensar que las tragedias en los portaviones deben estar a punto de ocurrir a cada momento. La logística y la coordinación requeridas representan una tarea ciclópea, no solo para operar las máqui-

---

6 BBC News (5 de marzo de 2018). *Cómo es el portaaviones nuclear Carl Vinson y qué mensaje envía Estados Unidos a China con su histórico paso por Vietnam.* Recuperado el 6 de enero de 2020, de BBC: https://www.bbc.com/mundo/noticias-internacional-43293021.

nas, las armas y las personas afectadas al trabajo, sino simplemente para garantizar cuatro comidas diarias a los miles que están a bordo. Sin embargo, raramente se reporta un accidente. El asombroso desempeño de los portaviones ha sido estudiado desde múltiples perspectivas. En su momento Karlene Roberts y Karl Weick lo hicieron desde el management[7].

Las teorías del management tradicionales no alcanzan para explicar el funcionamiento en un portaviones porque este último responde al concepto de HRO, es decir, organizaciones donde la confiabilidad es prioritaria respecto de cualquier otro factor, incluso con respecto a la eficiencia. Pensemos por un instante qué pasaría si una central nuclear decidiera tomar cierto riesgo (es decir, mermar en algún grado la confiabilidad brindada por las mejores prácticas) para mejorar su eficiencia: aunque fuese altamente improbable, un eventual siniestro representaría un costo tan alto que ninguna eficiencia ganada podría compensarlo.

> *Las teorías del management tradicionales no alcanzan para explicar el funcionamiento de las HRO, organizaciones donde la confiabilidad es prioritaria respecto de cualquier otro factor, incluso con respecto a la eficiencia.*

¿Qué podemos ganar estudiando las HRO? Comprender cómo se construye esa confiabilidad. Por eso, se las investiga para entender qué puede ser útil para las organizaciones comunes de aquello que las HRO saben. De acuerdo con Weick y Sutcliffe[8], algunas claves de estas organizaciones son las siguientes.

---

7 Weick, Karl E. y Roberts, Karlene H. "Colective Minds in Organizations: Heedful Interrelating on Flight Decks". Administrative Science Quarterly 38, N° 3 (septiembre de 1993), pp. 357-381.

8 Weick, Karl E. y Sutcliffe, Kathleen M. *Managing the Unexpected: Resilient Performance in the Age of Uncertainty.* 2ª ed. San Francisco: Jossey-Bass, 2007.

- **Promueven una fuerte preocupación por el error:** ninguno es minimizado ni pasa desapercibido.
- **Cultivan una férrea resistencia a simplificar la interpretación del error:** si la falla ocurre, su investigación no debe agotarse buscando la explicación más sencilla. Si el error es una oportunidad de aprendizaje, su escasez en una HRO lo vuelve un hallazgo precioso del que debe extraerse el mayor número de enseñanzas.
- **Desarrollan una gran sensibilidad a las operaciones, esto es, a lo que se hace:** si "el diablo está en los detalles", esto exige distinguir entre lo esencial y lo accesorio, algo que solo se entiende cuando se está cerca de la práctica, de la operación. En una HRO no hay "gente que piensa" (la estrategia, los procesos y demás) y "gente que hace" (solo opera). En una HRO todos deben pensar y reflexionar en algún grado sobre su trabajo.
- **Mantienen un compromiso con la resiliencia:** esto implica adaptarse para sobrellevar situaciones críticas y procurar el regreso a la operación normal apenas resulte posible.
- **Trabajan con estructuras no completamente definidas:** si bien existe una distribución lógica de tareas y responsabilidades, las HRO promueven que los contornos de cada posición sean permeables y hasta que exista cierta superposición a fin de que cada persona conozca su tarea y las de los compañeros. Esto es condición para entender mejor el trabajo propio y el de los demás, y para colaborar en detectar y dar respuesta junto con los otros a lo inesperado que se produzca.

Las claves enumeradas permiten reducir la ceguera inercial que hace posible el error: si repasamos sus experiencias, veremos que las HRO están más centradas en identificar la eventualidad que podría jaquear el protocolo establecido que en la confianza mecánica en la eficacia de sus rutinas. Las organizaciones de alta confiabilidad no desprecian ni subvaloran el procedimiento preestablecido o la eficiencia, aún así son conscientes de que la confiabilidad es lo más importante. Un portaviones necesita funcionar correctamente porque de lo contrario... ya lo explicamos: un siniestro resultaría irreparable. Las HRO entienden que, para lograr esa excelencia en el funcionamiento, cualquier anormalidad (o sea, cualquier evento fuera de la rutina prevista) debe analizarse sin trivializar sus causas e importancia y evitando actitudes autocomplacientes, aunque ello dañe un poco los indicadores de eficiencia. Nada de "por mil veces que nos salió bien, no debemos preocuparnos por este fallo". En una organización de este tipo, por definición, los errores son pocos y potencialmente muy peligrosos; por eso, cada uno representa una valiosa oportunidad de aprender, generando conocimiento nuevo y relevante para la organización, el cual será la base de toda innovación. Esta es la dinámica que debe alentar el nuevo management: la ambidiestría organizacional para operar e innovar, es decir, la capacidad para hacer lo usual y, también, explorar o adoptar rutinas o resultados diferentes.

La ambidiestría organizacional para operar e innovar es la capacidad para hacer lo usual y, también, explorar o adoptar rutinas o resultados diferentes.

La preocupación por el error implica evitarlos mediante la profundización de su entendimiento. Pero aún más importante: las HRO no penalizan el error, ya que dan por sentado que todos los miembros tienen un compromiso férreo con la organización y que hasta la operación más cuidadosa y experta está expuesta a cometerlo. En las HRO la penalización recae en la desatención del error. Ocultarlo, subestimarlo o pasarlo por alto son prácticas penalizadas.

En suma, las organizaciones de alta confiabilidad son sensibles a lo que sucede en la operación porque están convencidas de que el conocimiento circula a través de la práctica y, por tanto, el management y la estrategia no pueden posicionarse y desarrollarse al margen de ella. De manera análoga, la práctica se nutre de la estrategia, de la comprensión de qué se hace, por qué se hace, para qué se hace. Desde este punto de vista también, las HRO revolucionan la dinámica interna de la organización: ya no se admiten operadores que actúen como autómatas, sin saber para qué hacen lo que hacen, apenas "incentivados" por el control estricto de un capataz en cumplimiento de un proceso decidido por un jefe remoto. Todos los que hacen, piensan; y todos los que piensan, hacen.

La resiliencia de las HRO se observa en la capacidad de sobreponerse a lo imprevisto. Ser resiliente significa poder "deformarse" para absorber mejor un impacto y recuperar luego la forma original. Sabemos que el ejemplo típico es una buena pelota de tenis a diferencia de una de ping pong. Dado su quehacer, una organización de alta confiabilidad necesita desarrollar resiliencia.

Por otra parte, las estructuras sub-especificadas –es decir, no del todo definidas– alientan en las HRO que sus miembros conozcan más cosas que las que hacen a fin de que "vean más". Por ejemplo, el portaviones estadounidense *Carl Vinson* transporta diversos tipos de naves: "Los Hornet y Super Hornet son los aviones de pelea y ataque del equipo y se adaptan a cualquier tipo de clima. Los Hawkeye cuentan con un radar de vigilancia en la parte superior del fuselaje y cumplen funciones de alerta temprana de amenazas para el Grupo de Ataque. Los aviones Growler ofrecen protección electrónica a la flota. Pueden realizar ataques electrónicos, ya que están diseñados para interferir señales electrónicas y bloquear transmisores. Los Seahawk son helicópteros destinados a realizar ataques antisubmarinos y funciones de control en el mar. Los Greyhound cumplen fines de transporte de carga y pasajeros al portaviones"[9]. A cualquier tripulante de ese u otro portaviones, reconocer los modelos le brinda, a simple vista, muchísima información sobre la conducta esperable de cada uno de ellos y sobre cómo interpretar la situación en que esa conducta se despliegue. Asimismo, esa sub-especificación promueve el respeto al trabajo ajeno y la colaboración frente a situaciones de necesidad. Todo esto se inscribe en un ambiente de compromiso y confianza, el cual es especialmente importante –y condición de posibilidad– cuando los integrantes de la organización dominan conocimientos indispensables para desempeñar la misión.

En la actualidad, las organizaciones situadas a la vanguardia a la hora de enfrentar entornos convulsionados, inciertos y altamente competitivos comprenden que una fuerza de trabajo dedicada, atenta y comprometida puede ser un activo más que importante, al tiempo que la gente que espera pasivamente instrucciones detalladas para actuar puede resultar un peso insoportable. El management encuentra en las HRO una referencia de especial valor para aprender cómo gestionar una organización en y del siglo XXI.

Una fuerza de trabajo dedicada, atenta y comprometida puede ser un activo más que importante, al tiempo que la gente que espera pasivamente instrucciones detalladas para actuar puede resultar un peso insoportable.

Hoy, para fundar y desarrollar organizaciones (empresas, escuelas, museos, hospitales, oficinas públicas, organizaciones sin fines de lucro y demás) que necesiten generar

---

9 BBC News (11 de abril de 2017). *¿Qué capacidad de armamento tiene el Grupo de Ataque Carl Vinson, desplegado por Estados Unidos hacia la península de Corea?* Recuperado el 21 de marzo de 2020, de https://www.bbc.com/mundo/noticias-internacional-39561751.

respuestas creativas e innovadoras, resulta ineludible que estén basadas en el compromiso y la confianza de y en todos sus integrantes.

Equipos y management

Las organizaciones de alta confiabilidad que hemos descripto nunca son producto de un decreto o de una decisión única, sino laboriosas construcciones que nos recuerdan lo que señalábamos más arriba sobre los límites del management. En el mismo orden de cosas, construir las condiciones para el trabajo en equipo es una tarea principal de la gerencia y tampoco es producto de una decisión única y general. El management puede formar un grupo, pero que ese grupo devenga en equipo es claramente harina de otro costal.

Un equipo es un conjunto de gente que se necesita mutuamente. Hace ya tiempo, Katzembach y Smith[10] propusieron lo que hoy es una definición clásica: "un equipo es un pequeño grupo de personas con habilidades complementarias, que están comprometidas con el logro de un propósito común, con metas definidas, que poseen un enfoque compartido y que se sienten mutuamente responsables".

Aunque ahora cueste trabajo creerlo, hubo una época, fines del siglo XIX y principios del XX, en que las empresas buscaban eliminar los equipos. Se intentaba que cada persona supiese exactamente qué era lo que debía hacer y cómo realizarlo sin depender de nadie, mientras que la responsabilidad del supervisor era asegurarse de que se hiciera. Eran épocas de mercados relativamente poco movidos y escasamente comunicados donde el desafío era producir más que

---

10 Katzenbach, Jon R. y Smith, Douglas K. *The Wisdom of Teams. Creating the High-Performance Organization.* Boston: Harvard Business Review Press, 1993.

vender; por lo tanto, hacer siempre lo mismo y, a lo sumo, más de lo mismo era una fórmula eficaz para alcanzar el éxito.

Hoy, en cambio, produzca lo que produzca la organización, pronto aparecerá otra en algún lugar del mundo que lo haga mejor, más rápido o más barato. Ya no es posible innovar una vez y vivir de esa creación para siempre, ni siquiera por un período apreciable (basta con observar el desarrollo de la industria electrónica para confirmarlo). Los activos tangibles (edificios, capital, productos, equipamiento y demás) pierden progresivamente peso a expensas de la importancia que cobra la capacidad organizacional de innovar una y otra vez en materia de producción, procesos, distribución o cualquier otro aspecto que agregue valor. Para lograr esto, no alcanza con que cada uno haga su trabajo (algo necesario, pero insuficiente). El valor se agrega cada vez con menos recursos materiales y más recursos mentales.

Las organizaciones necesitan atraer gente hábil e inteligente, y crear contextos donde esas personas puedan trabajar juntas, combinando habilidades para diseñar procesos, productos y servicios que otros no pueden brindar. La organización debe convertirse, entonces, en un ámbito de contacto y de interacción para generar ideas y ponerlas en acción. Debe ser prioritariamente un espacio de descubrimiento de nuevas maneras de hacer las cosas. El trabajo en equipo es una modalidad orientada a la tarea, a las necesidades del cliente, a la generación de valor. En un equipo, los integrantes se necesitan recíprocamente para trabajar y la organización debe ofrecerles un terreno propicio para que la labor se desarrolle.

> *La organización debe convertirse en un ámbito de contacto y de interacción para generar ideas y ponerlas en acción.*
> *Debe ser prioritariamente un espacio de descubrimiento de nuevas maneras de hacer las cosas.*

Si bien el trabajo en equipo se sustenta en la colaboración, no toda colaboración produce trabajo en equipo. El "somos un gran equipo" del que se ufanan innumerables organizaciones, con frecuencia no significa mucho más que la existencia de cierto trato respetuoso y cordialidad entre personas que no se odian ni se ocultan demasiada información; en el mejor de los casos, la expresión refiere a un trabajo colaborativo.

Los equipos son "figuritas difíciles": es más común oír hablar de ellos que verlos en la realidad. Como decíamos antes, ocurre con ellos algo parecido a lo que se da con el liderazgo o con las comunidades de práctica: no se pueden "implantar" por decreto. Nadie puede nombrar un equipo para que se ocupe de algo. Se puede nombrar un grupo para que lo haga; pero que ese grupo devenga en equipo requiere de liderazgo y de su propia maduración.

Es necesario hacer una distinción importante entre grupo y equipo. Si elijo diez personas al azar para que acarreen arena, tardarán menos que una. Pero si elijo diez personas al azar para resolver juntas un problema matemático complejo, probablemente tarden más que alguien haciéndolo solo. En ambos casos, se trata de grupos, esto es, agregados de personas trabajando individualmente con muy baja interdependencia y coordinación.

Un grupo puede crearse por decreto; el equipo es la etapa superior de maduración de un grupo. Si el grupo tiene un contexto adecuado, personas dispuestas, expectativas claras y objetivos más o menos bien definidos, es probable que pueda devenir en equipo. Bruce Tuckman describió el proceso en un texto que se ha vuelto clásico[11]. La primera etapa es de interacciones donde se habla de generalidades; por sobre todo, se trata de una exploración recíproca en el

---

11 Tuckman, B.W. "Developmental Sequence in Small Groups". *Psychological Bulletin* 63, N° 6 (1965), pp. 384-399.

marco de la pregunta tácita "¿para qué estamos aquí?". No importa que los objetivos hayan sido más que explicitados y escritos: es necesario que el grupo los asimile con sus propias palabras y llegue a ellos por sí mismo. A esta etapa, Tuckman la llamó "formativa" (*forming*). En ella, después de una etapa exploratoria de cortesía, cuando al menos un miembro del grupo haya llegado a la conclusión de que puede hacer algo con esa gente, la charla errática y distraída se concentrará en explorar y definir objetivos. Comienza el debate acerca de qué deben hacer: el grupo busca explicitar por sí mismo la tarea asumida en sus propios términos. Aunque parezca trivial, se trata de una cuestión que no es fácil, porque nunca una tarea es tan explícita y clara como para que no sea necesario establecer un acuerdo entre quienes la llevarán adelante. Por eso, debemos recordar que no hay mejor manera de lograr que un grupo fracase que reunirlo e iniciar el encuentro afirmando: "Bueno, ya todos sabemos para qué estamos aquí". Todos asentirán, claro. Pero ese supuesto es mentira: cada participante estará pensando en algo diferente.

Una vez que las personas más o menos se conocen, hay un acuerdo tácito sobre para qué están allí y se sienten interesadas en lo que sucede, les resulta importante ocupar un lugar en ese espacio. Comienza entonces una tácita "lucha por el poder". El grupo ha logrado aclarar para sí cuál es su tarea y a esa altura se habrán producido al menos dos acuerdos: el primero, que pueden hacer algo juntos; el segundo, que ese algo es importante. No debe sorprender entonces que, tal como señalamos, esta etapa sea la lucha por el poder: cada uno necesita encontrar su rol, su espacio en el equipo, e identificar a los que considera importantes en esa tarea. Durante este proceso, la gente no se escucha; todos tratan de imponer su voz, se interrumpen, consciente o inconscientemente recurren a diversas tácticas para capturar la atención del resto. Un líder inexperto podría observar la escena y creer que el grupo se está disgregando, que él o ella está fallando en su rol y hasta que trate de devolverlo a la calma de la etapa de cortesía. Pero sería un error. La etapa de lucha por el poder poco a poco va modelando al grupo mediante la creación de reglas de juego y la definición de espacios personales.

Tuckman llamó "tormenta" (*storming*) a esta segunda etapa, importante en la maduración del grupo. Si hay una autoridad efectiva o si el liderazgo espontáneo funciona más menos bien, este período llevará a otro en el que cada uno irá encontrando su lugar y se establecerán ciertas reglas de juego, muchas de ellas tácitas, que permitirán regular el trabajo de ese grupo, ya más maduro. Se trata de la etapa "normativa" (*norming*). En este momento, se fijan reglas tácitas o explícitas de funcionamiento, al tiempo que los integrantes del grupo han desarrollado un sentido de pertenencia, objetivos compartidos y un espacio propio. Sin embargo, falta todavía lo más importante: la confianza necesaria para enfrentar los conflictos y las tensiones que la tarea impone, sin temor a la disolución. Un grupo en etapa normativa no hace lo que debe hacer: hace lo que siente que puede hacer sin tensar las relaciones al extremo.

La confianza es condición *sine qua non* para que un grupo dé lo máximo de sí. Solo la convicción de que ningún desafío romperá los vínculos que ha construido le permitirá poner todo en juego. En ese contexto, el grupo podrá abordar la tarea asignada discutiendo lo que sea necesario hasta encontrar la manera de encararla. Recién ahora, cuando han logrado desarrollar niveles importantes de confianza recíproca, pueden manejar sus inevitables conflictos sin temor a que eso signifique la ruptura absoluta y son capaces de desarrollar una interdependencia que permita que cada uno pueda liderar de manera que las capacidades individuales se desplieguen sin recelos. Todo esto indica que el grupo ha llegado a la etapa donde el centro no es su propia constitución sino la tarea. Es la etapa de "desempeño" (*performing*). Ya no hablan tanto de personas ni de hechos. Analizan tendencias, descifran sistemas y, lo que es más difícil aún, desafían sus propios modelos mentales. Son equipos que aprenden.

Cuando el grupo ha llegado a esta etapa, a la que no accedió mediante la obediencia sino a través del liderazgo y su propia maduración, podemos hablar de "equipo". Por esta razón decimos que un equipo es la etapa superior de maduración de un grupo[12], y que los buenos equipos son siempre un punto de llegada, nunca un punto de partida. Son el fruto de un largo camino de construcción de sí mismos (véase Figura 5, en la página siguiente).

Hemos descripto hasta aquí la evolución de un grupo en condiciones organizativas favorables. Creemos adivinar que, llegados a este punto, algunos lectores están pensando: "Sin embargo, todos sabemos que, en demasiadas organizaciones, quienes se proponen innovar se arriesgan a equivocarse, y el error suele castigarse".

"En cambio, los que obedecen pasivamente y evaden disentir o cuestionar de algún modo las prácticas vigentes, es probable que gocen de una carrera laboral quizás aburrida, pero sin sobresaltos". Estos últimos suelen integrarse a la organización como ese "gran equipo", la "gran familia", que no es otra cosa que un agregado más o menos eficaz de individuos que saben mucho sobre urbanidad. Son organizaciones –en el mejor de los casos– aptas para repetir rutinas, lo cual puede ser muy sabio si el mercado se los permite. Si en los próximos años los precios de los alimentos, los materiales y el transporte bajan espectacularmente como han bajado los de las comunicaciones y las energías renovables, países como la Argentina deberán inventar algo de lo que se pueda vivir más allá de las retenciones al agro o de yacimientos como Vaca Muerta.

---

12 Hemos hecho una lectura más o menos libre del modelo de Bruce Tuckman. Él no hace la distinción entre grupo y equipo en la que nos hemos centrado y, en 1977, agregó una quinta etapa de "disolución" que no hemos considerado aquí.

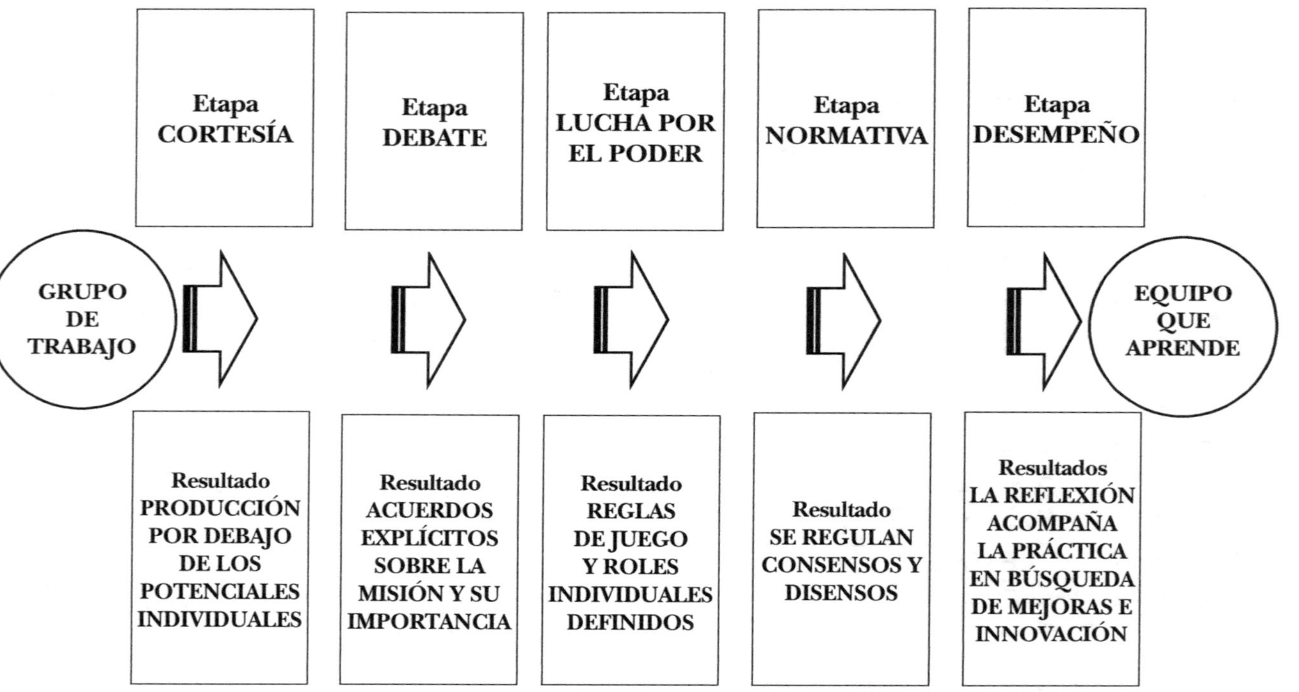

Figura 5. Proceso de constitución de un equipo de trabajo.

En ese contexto, y en un mundo crecientemente globalizado, no está mal aspirar a la ambidiestría y la versatilidad para poder innovar.

Pocas experiencias pueden producir un retorno tan negativo para la organización como un equipo con una asignación de objetivos confusa, imprecisa o *pour la galerie*. "Te hacen trabajar y después no aplican nada." "Tenemos montones de ideas muy buenas, pero en esta organización todo lo nuevo es inviable." "No sabemos si quieren una evaluación del producto o el desarrollo de un producto mejorado." "Quieren algo nuevo, pero no terminan de definir qué costos son capaces de asumir." ¿Por qué asumir el riesgo y soportar la exposición que supone una tarea innovadora si la organización, en la persona de sus autoridades, no ha explicitado los objetivos que persigue?

A veces el management impulsa la discusión, la generación de ideas y la elaboración de propuestas bajo la directiva "pidan perdón, pero no pidan permiso". El equipo necesita saber qué se espera de él, cuánta autonomía tendrá para trabajar, qué nivel de ejecución se espera y cuáles serán los parámetros de viabilidad de su eventual aporte. Todo esto, que parece surgir de una lógica elemental, con frecuencia es obviado y, en consecuencia, la labor del equipo no solo se diluye y desperdicia: se convierte en antecedente frustrante de cualquier nueva iniciativa.

Como señalamos, además de los objetivos y la autonomía, los miembros del grupo deben tener claro sus roles, una definición que cabe también al management. ¿Actuarán como representantes de su área o a título personal? Cuando se requiere el trabajo colaborativo de áreas o sectores con "tradición" de enfrentamientos, estos se reproducen dentro del grupo. En síntesis: un equipo es el resultado (no el punto de partida) de un laborioso proceso de aprendizaje.

En tiempos de cambio acelerado, cuando la capacidad de innovar es lo más valioso de una organización, trabajar en equipos es indispensable. Esta clase de trabajo requiere condiciones personales, pero también condiciones organizativas. La tarea del management es construir esas condiciones y facilitar el trabajo del grupo para que pueda madurar y convertirse en un equipo.

Islas y puentes

Para la mitología gerencial del siglo XX, las organizaciones eran monstruos monolíticos con una sola voluntad, una sola visión y una única misión, bajo el mando de un héroe omnisciente y todo poderoso: el CEO. Aun hoy, muchas personas creen que la dirección de una organización se sostiene sobre la desconfianza metódica y el mando inflexible, a pesar de que toda la evidencia recogida indica que es más bien al revés. En verdad, si las organizaciones hubiesen funcionado así, no habrían tenido la flexibilidad necesaria para responder a los desafíos del entorno.

Una organización verdaderamente adaptada a las condiciones que impone el siglo XXI se sustenta sobre un conjunto de inteligencias que se interrelacionan para el descubrimiento y la corrección del error. O, dicho de otro modo, sobre inteligencias que trabajan coordinadamente para descubrir y reparar en forma temprana cualquier desajuste adaptativo. ¿Significa esto que las organizaciones sanas conforman aquel todo monolítico cuyos integrantes se entienden en perfecta armonía, sin rencillas, desacuerdos o divergencias? De ningún modo. En la actualidad empezamos a aceptar algo que todos sabíamos: las organizaciones son, an-

> *Una organización verdaderamente adaptada a las condiciones que impone el siglo XXI se sustenta sobre un conjunto de inteligencias que se interrelacionan para el descubrimiento y la corrección del error.*

tes que una sólida pirámide, un conjunto de islas mal unidas, cada una de las cuales representa un área de especialidad (marketing, logística, ventas, finanzas, investigación y desarrollo, y demás). Y algo más: comenzamos a sospechar que ese dato de la realidad no siempre es la señal de una catástrofe inminente, sino que puede ser una oportunidad para la generación de conocimiento. Desde luego, si las islas no logran articularse de alguna forma, no habrá organización.

La gente que trabaja junta en cada una de esas islas llega a compartir significados, vínculos y creencias, es decir, construye su conocimiento. Étienne Wenger[13] llama a esos islotes de saber "comunidades de práctica". El carácter "localizado" de su conocimiento explica por qué lo que para un área de la organización es razonable puede resultar absurdo para otra, o que lo prioritario para una pueda ser considerado prescindible para otra. La visión de cada comunidad es inevitablemente parcial, sesgada y parroquial. "Los de producción", "los de mantenimiento", "los de finanzas" y hasta la gerencia general conforman diferentes comunidades de práctica. Cada una desarrolla maestría en su oficio a través de las interacciones. Cada una suele creer que su visión de las cosas es absoluta y objetiva, mientras que todos los demás están un poco confundidos (o son irremediablemente tontos). Sin embargo, cada grupo y su sistema de creencias encarnan una racionalidad limitada a su forma peculiar de ver las cosas. Por más limitadas que sepamos que son esa visión y esa perspectiva, lo cierto es que constituyen el fundamento que vuelve a la organización valiosa e inimitable. Por lo demás, en tanto la racionalidad humana es siempre restringida, todo conocimiento es limitado: el saber absoluto nos está vedado. Lo que el management puede y debe hacer es fortalecer las comunidades de práctica, ampliando y enriqueciendo

---

13   Wenger, Étienne. *Comunidades de práctica: aprendizaje, significado e identidad.* Barcelona: Paidós, 2001.

sus perspectivas con el aporte de otras, tendiendo puentes, estableciendo conexiones, abriendo canales de intercambio que permitan crear sentidos compartidos. Conducir una organización implica –al mismo tiempo, aunque en diferente medida– ayudar a fortalecer a cada comunidad de práctica que la integra y encontrar las formas en que estas puedan trabajar en forma conjunta. Solo la coordinación y el trabajo colaborativo que el management debe impulsar permiten superar –en parte– la visión sesgada que cada comunidad elabora desde su perspectiva.

Conducir una organización implica ayudar a fortalecer a cada comunidad de práctica que la integra y encontrar las formas en que estas puedan trabajar en forma conjunta. Solo la coordinación y el trabajo colaborativo que el management debe impulsar permiten superar –en parte– la visión sesgada que cada comunidad elabora desde su perspectiva.

Los integrantes de cualquier organización son interdependientes, un vínculo que –bajo ciertas circunstancias– puede volverse muy virtuoso… o todo lo contrario. A veces los miembros pueden entender y anticipar lo que harán sus compañeros con lo que ellos hagan, o –por el contrario– pueden ignorar y ni siquiera sospechar cuál es su aporte a los procesos del negocio: los buenos y los malos equipos de fútbol son ejemplos elocuentes de estas dos dinámicas posibles. La conexión –inteligente en el primer caso y tonta en el segundo– es lo que Weick y Roberts (*op. cit.*) denominan "mente colectiva": un fenómeno presente en toda organización que señala la calidad del vínculo que se establezca.

Un congestionamiento de tránsito es un caso típico de mente colectiva, en este caso tonta. Por lo general, quien vive en los suburbios de una ciudad prefiere tomar una autopista para llegar al centro. La razón parece obvia: una persona inteligente prefiere habitualmente tomar el camino más rápido y directo. Ahora bien, con frecuencia, al incorporarse a la autopista, ese individuo se encuentra con otras cien mil personas inteligentes que hicieron el mismo razonamiento y se inclinaron por la misma opción. Así, el congestionamiento muestra un caso en que la suma de las inteligencias no produce inteligencia sino enojo, demoras, peleas o cualquier otra clase de resultado negativo. De este modo, podemos ver que no es la mera suma sino la calidad de la relación entre las inteligencias individuales lo que define el potencial y condiciona los logros de una mente colectiva y, por tanto, de una organización.

No es la mera suma sino la calidad de la relación entre las inteligencias individuales lo que define el potencial y condiciona los logros de una mente colectiva y, por tanto, de una organización.

Hay casos de mentes colectivas inteligentes. Lo que un grupo de acróbatas del Cirque du Soleil pueden hacer juntos no se explica solamente por el entrenamiento físico de cada uno: hace falta mucha confianza y empatía para que alguien se lance al aire a 20 metros de altura con la seguridad de que otro u otra lo tomará de las manos. Una confianza comparable a los integrantes de una HRO.

Para empezar a pensar sobre algunos de los factores que impactan en la calidad de los vínculos de una mente colectiva, podemos visitar el *museo de la capacitación* para revivir el valioso aporte que, desde la psicología, hicieron Joseph Luft y Harrington Ingham, quienes hacia mediados de la década de 1950 desarrollaron una herramienta conocida como "Ventana de Johari" para representar la interacción del sujeto bajo análisis con su entorno. La Ventana vale para graficar la información que un miembro de la organización domina respecto del resto, así como la información que maneja un área funcional o un nivel jerárquico en relación con los demás. Usaremos este modelo para empezar a pensar en los puentes (eficaces o ineficaces) que definirán la calidad de los vínculos intraorganizacionales.

De acuerdo con Luft e Ingham, se verifican en todo grupo cuatro situaciones típicas con respecto al saber (Figura 6).

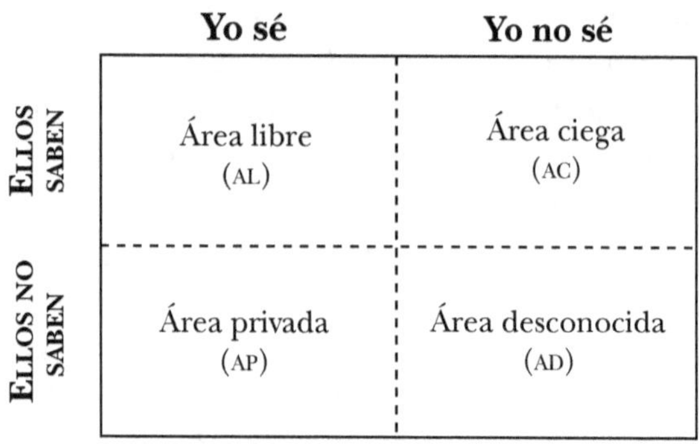

Figura 6. Ventana de Johari.

Por una parte, existen saberes que están en posesión de todos los sujetos (individuales o colectivos); a este espacio de total transparencia lo denominan "área libre" (AL). Asimismo, hay un territorio de saberes que no están en posesión ni del sujeto ni de quienes lo rodean: es el "área ciega" (AC). Por lo demás, hay saberes en posesión del sujeto al que no tienen acceso los demás y que constituye su área privada (AP); al mismo tiempo, hay saberes que son ajenos al sujeto bajo análisis pero que están en posesión de todos los otros; esta última es el área desconocida (AD).

Como puede apreciarse, hemos representado las perpendiculares internas que delimitan cada área con líneas punteadas, ya que la "superficie" de cada área está sometida a una dinámica de cambio constante. Precisamente, si desplazamos esas líneas, podremos graficar situaciones que –modificando la relación con lo sabido– impactan sobre la calidad de los vínculos internos de la organización, es decir, en el funcionamiento de su mente colectiva. Ilustremos esto con un ejemplo.

En ocasiones, ante la percepción de una crisis inminente, las autoridades de una organización deciden cerrarse, evitando dar a conocer la situación por temor a cómo pueda ser leída interna y externamente. Como muestra la Figura 7, el AL se redujo sensiblemente. Es menos la información compartida, al tiempo que crecieron las otras tres áreas. El AP se incrementa porque aumentó el contenido "confidencial". El AC se amplía porque el "secretismo" de la dirección despierta toda clase de suspicacias en el resto de la organización. Estamos ante un error típico: creer que, porque no se nombra o no se habla de algo, eso no se comunica, olvidando que hay silencios atronadores. Como estrategia, callar empobrece la calidad de la mente colectiva porque la búsqueda de una comprensión más cabal de la situación que se atraviesa y la exploración de caminos alternativos quedan empobrecidas debido a que una parte importante de la organización es excluida del proceso de caracterización del problema y de ideación de soluciones.

	Yo sé	**Yo no sé**
ELLOS SABEN	Área libre (AL)	Área ciega (AC)
ELLOS NO SABEN	Área privada (AP)	Área desconocida (AD)

Figura 7. Ventana de Johari ante el retaceo de información.

¿Qué sucedería si, frente a una crisis, el management dijera "tenemos un problema y necesitamos ayuda"? Esta es la conducta que grafica la Figura 8. Obsérvese cómo se amplía el AL, principalmente en detrimento del AD. ¿Qué conductas promueve esto? Una dirección que comparte lo que sucede y se abre a recibir *feedback*, no solo reduce su AP sino también su AC, ya que está invitando a los demás sectores a compartir sus miradas y saberes.

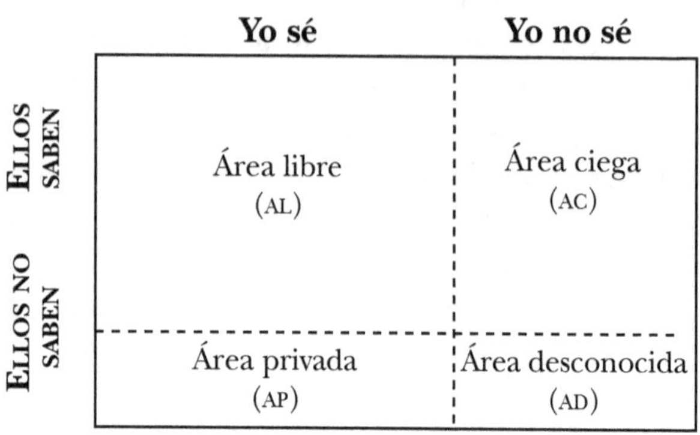

Figura 8. Ventana de Johari ante la información compartida.

Desde luego, no afirmamos que hablar de la crisis equivalga a solucionarla. Solamente estamos señalando que apostar a una ampliación de la información compartida (el AL) incrementa sensiblemente las posibilidades de hallar una salida porque es mayor la calidad de la mente colectiva[14]. Como decíamos más arriba, la circulación de los saberes, la forma en que las "islas" que componen la organización se conectan, define el potencial y condiciona los logros del conjunto. Esto es un desafío para el management.

La posibilidad de descubrir qué hay más allá de los confines del territorio propio de una comunidad de práctica se relaciona directamente con los vínculos que cada una de esas islas establece con las demás y con el entor-

---

14 Vale aclarar que nuestro análisis no implica ni propone la extinción de las áreas privada, ciega y desconocida. La organización tendrá siempre sectores diferenciados por su experticia y su práctica, así como territorios inexplorados y desconocidos por todos.

no. Depende de la capacidad de escuchar y escucharse, de comprender las prácticas y las necesidades de aquello que se les presenta como lo otro. La capacidad de aprender de la organización (no de los individuos que la integran) depende de esos vínculos. Una organización donde la gente se respeta y escucha, sin importar cuánto se pelee, tendrá una mente colectiva más desarrollada, será más inteligente y tendrá más posibilidades de aprendizaje que otra donde predominan el miedo y la desconfianza.

Como bien subraya Weick, cuando los problemas y las decisiones no son terreno exclusivo de una sola persona o de un solo grupo, aumentan las probabilidades de que nuevas capacidades aborden nuevos problemas. La gente, examinando una anomalía, se acerca a otros para entenderla y, en este acercamiento, la pericia se vuelve más importante que las jerarquías. Para que esto sea posible, el secreto no es un edicto de la alta dirección sino una organización impregnada por una creencia cultural en ese sentido. Así ocurre en las HRO: el peligro, permanente y para todos, promueve que nadie desatienda las necesidades del otro y que la confiabilidad de los procesos se vuelva más importante que la eficiencia. La interdependencia y el cuidado recíproco, así como la actuación mutuamente inteligible y coordinada, están en la base de la mente colectiva de una organización altamente confiable: su inteligencia tiene más relación con los patrones de comportamiento que con el conocimiento individual.

Hacia un nuevo modelo de conducción

Como afirmamos en el Capítulo 1, la primera función del management es promover la construcción de sentido acercando las distintas prácticas que conviven en la organización. Hoy, un jefe inteligente se concentra principalmente en usar su autoridad y poder para ayudar a sus subordinados (en su mayoría, especialistas calificados que lidian cotidianamente con las dificultades y las posibilidades de la práctica) a identificar qué se necesita hacer.

Las organizaciones que sobreviven mejor son las capaces de innovar: cada vez es más frecuente que lo más importante de nuestra tarea cotidiana esté ocurriendo por primera vez. En ese caso, aprender, hacer e innovar se dan en forma conjunta. Aunque los jefes ya no sepan más que sus empleados, es probable que conozcan mejor a la organización y a su contexto. Por eso, el rol del manager tiende a dejar de ser el de quien ordena qué hay que hacer para convertirse en el de quien orienta a la gente para moverse en la organización; el de quien la guía y usa su experiencia para contenerla emocionalmente y, sobre todo, el de quien enuncia y asegura reglas de juego claras.

Una organización sana, en la actualidad, no es solo un lugar para hacer cada vez mejor lo que ya se sabe hacer, sino también un lugar de búsqueda de nuevas posibilidades de acción. Es intentando lo nuevo que se aprende lo desconocido. Se ha dicho –y puede que sea cierto– que los gerentes viven olvidándose de lo que realmente hacen: descubrir el camino al andar, no solo ejecutar lo que se ha planeado hacer. Una persona con responsabilidades de liderazgo sabe hoy demasiado bien que no alcanza con tener un mapa o un plan detallado.

Lo dicho no sugiere que la conducción de una organización no requiera de un propósito y cierta idea de cómo alcanzarlo. Pero si convertimos esas hipótesis en un norte excluyente, corremos el peligro de ver y atender apenas lo que nuestros planes habían previsto, lo que sería aceptar algo tan discutible como que ayer éramos más inteligentes que hoy. El management debe saber aprovechar también lo imprevisto a fin de que lo impensado no se convierta en una fuente de desajuste, sino en una oportunidad para descubrir posibilidades y recursos cuya existencia, de antemano, se desconocía. Cuando se actúa en esta línea, la acción clarifica el significado. Frente a hechos que no terminamos de entender, actuamos. Haciendo cosas, la realidad parece ordenarse, al tiempo que lo desconocido adquiere sentido.

Detrás de todas estas cuestiones está el liderazgo y la capacidad de la autoridad para canalizarlo, esto es, su habilidad para ver en las iniciativas de la gente posibilidades y no transgresiones. Como explicamos, el liderazgo no es la atribución de una posición, ni un estatus ni un cargo, sino un emergente, que aparece en determinada circunstancia y que se mantiene en tanto esta continúe. La autoridad debe asegurar el sentido, establecer reglas de juego y construir confianza y compromiso. El liderazgo viene también desde abajo, desde la operación hacia los estratos medios y máximos; ese liderazgo debe ser reconocido, identificado, cuidado, protegido y resguardado, porque produce el conocimiento organizativo a partir de la experiencia operativa. Las HRO nos brindan un importante modelo de dinámica organizacional, caracterizado por la preocupación por el error, la resistencia a simplificar las interpretaciones, la sensibilidad a lo que ocurre con las operaciones, el compromiso con la resiliencia, y el aliento y aprovechamiento de estructuras no del todo definidas. Son el compromiso y la confianza los que definen la calidad de la mente colectiva y la capacidad de la organización[15].

El liderazgo viene desde abajo, desde la operación hacia los estratos medios y máximos; debe ser reconocido, identificado, cuidado, protegido y resguardado, porque es el que produce el conocimiento organizativo.

---

15 Hay dos videos muy breves que hice hace algunos años que pueden ser útiles para discutir grupalmente estos temas. Uno se llama "Cómo aprenden las organizaciones" < https://www.youtube.com/watch?v=EN_8B2s-gug&t=47s> y el otro "Organizaciones de alta confiabilidad" < https://www.youtube.com/watch?v=0wbG4xneknI&t=108s>.

CAPÍTULO 4

La innovación a escala organización

Gran parte del valor de una organización reside en sus conocimientos, en lo que es capaz de hacer y en lo que se espera que sea capaz de aprender. Conviene adelantar que cuando hablamos de "conocimiento" no nos referimos al caudal de información disponible. Un teléfono inteligente con conexión a internet nos pone en posición de acceder inmediatamente a una cantidad de fuentes quizás superior en número a todo el fondo documental de la Biblioteca del Congreso de los Estados Unidos, tal vez el mayor del mundo. Sin embargo, ¿quién se atrevería a decir que alguien, porque tiene a disposición toda esa información, domina todo el saber que de allí podría extraerse? Si bien raramente podemos determinar a ciencia cierta qué es el conocimiento y/o cuándo sabemos algo o no, resulta bastante evidente que "conocimiento" no es "información" o "información a disposición". Es preciso, además, que el sujeto (individual o colectivo) que aspire a conocer cuente también con criterios para seleccionar la información, haya definido un sentido de la búsqueda que lleva adelante, identifique los vínculos con la gente que necesita consultar o con la que necesita aclarar ideas o discutir, y tenga un conjunto de creencias centrado en la posibilidad de aprender lo que no sabe. Respecto de esto último, aunque parezca sorprendente, muchas personas (¡y organizaciones!) olvidan que lo que desconocen, lo que no saben, es modificable: es una suerte de resignación a la ignorancia. Solemos olvidar que los mayores problemas personales y organizativos no se originan tanto en nuestros errores como en nuestras omisiones. El problema es más lo que no hacemos que lo que hacemos mal.

En este capítulo abordamos el aprendizaje y el conocimiento como procesos y productos llevados adelante y elaborados por un sujeto colectivo particular: la organización. Una organización demuestra que aprende cuando logra hacer cosas que antes no hacía, cuando detecta problemas y se dispone adecuadamente para solucionarlos, y cuando identifica oportunidades y desarrolla formas de aprovecharlas.

Desde luego, no afirmamos con esto que el aprendizaje organizacional sea una tarea sencilla, espontánea o fácil de sistematizar. Sin embargo, los obstáculos no deben atribuirse a la resistencia que cada uno de sus miembros pueda ofrecer (lo que supondría aceptar —vía cierto "psicologismo"— que la organización no es otra cosa que una sumatoria de voluntades individuales). En rigor, el desafío del aprendizaje reside en que la organización convive, por definición, con la tensión entre un mandato de repetir lo que resultó exitoso (es decir, un imperativo de inmutabilidad, de retención de su respuesta adaptativa adecuada) y la necesidad de cambiar para seguir siendo seleccionada por el ambiente (el mercado, su contexto social, económi-

> *La organización convive, por definición, con la tensión entre un mandato de repetir lo que resultó exitoso y la necesidad de cambiar para seguir siendo seleccionada por el ambiente*

co y político, y sus clientes o usuarios). En otras palabras, la organización debe obedecer al doble mandato de retención (repitiendo) y evolución (incorporando habilidades y conocimientos que le permitan hacer cosas que antes no hacía). De alguna manera, la organización es, por naturaleza, un oxímoron[1].

Gestión del conocimiento

Muchas prácticas organizacionales reflejan aprendizajes, es decir, respuestas adaptativas nuevas que surgen cuando la gente se reúne y entreteje sus experiencias para abordar situaciones imprevistas. Son productos elaborados por quienes están más cerca de la tarea, asistidos por la guía, la contención y las reglas de juego claras establecidas por el management. Porque, para aprender, la organización necesita una dirección que garantice las condiciones propicias y que use su poder para ayudar a la gente a convertir los aportes innovadores en un aprendizaje para el conjunto.

En el contexto actual, el conocimiento se ha convertido en un factor clave de la producción porque, como hemos señalado antes, sin importar lo que hagamos, seguramente en breve sabremos de otra organización que, en alguna parte del mundo, lo hace mejor. La dinámica competitiva nos exige constantemente innovar, para lo cual debe generarse conocimiento[2]. Si tenemos un buen producto, alguien lo va a

---

1 Weick, Karl y Westley, Frances. "Organizational Learning: Affirming an Oxymoron". En *Handbook of Organization Studies*, de Stewart R. Clegg, Cynthia Hardy, Thomas B. Lawrence y Walter R. Nord, pp. 440-458. Thousand Oaks, CA: Sage Publications, 1996.

2 No alcanza con tomar un saber que ya estaba ahí y operarlo, usarlo, ya que esto –en el mejor de los casos– solo nos garantiza haber igualado a nuestros competidores, lo cual no es poco pero tampoco suficiente. Por lo demás, adoptar un conocimiento que ya está circulando para usarlo como todos los demás, no puede llamarse "innovación" sino "actualización".

copiar. Si tenemos una tecnología atractiva, nos la van a comprar o imitar. Si tenemos gente muy capaz, nada nos garantiza que no cambien de organización o decidan dedicarse a otra cosa (y no se trata solo de la fuerza de trabajo, sino también del management de esa gente). Pero el contexto puede exigir eventualmente cambiar el management, para lo cual se necesita una cultura con valores que permitan esos cambios en la gestión Esta secuencia habla de elementos cada vez más inasibles, más abstractos que el anterior: producto, tecnología, gente, management, cultura, valores. Por esa razón, precisamente, son más valiosos, ya que el valor de un conocimiento (el saber hacer de una organización) está en relación directa con la dificultad que ofrece a ser copiado.

En tanto que las empresas que sobreviven mejor son las que resultan capaces de innovar, cada vez es más frecuente que lo más importante entre las múltiples tareas que una organización desarrolla esté ocurriendo por primera vez. En ese caso, aprender, hacer e innovar se dan en forma conjunta. Además, la especialización creciente de los recursos humanos y la conformación de equipos con expertos en diversos campos hacen que –con mucha frecuencia– los jefes, gerentes y demás no sepan más que las personas que tienen a cargo. Por lo tanto, cabe preguntarse qué los hace "jefes", más allá de la autoridad formal conferida por la organización. La respuesta se liga profundamente a lo que discutimos sobre autoridad y liderazgo en el Capítulo 3: el tipo de management hacia el que se está evolucionando se distingue por un saber no solo especializado sino, también, generalista. El management asume así el compromiso de aportar a su gente un mejor conocimiento de la organización y de su contexto. El rol del jefe o el gerente tiende progresivamente a dejar de ser el de quien ordena qué hay que hacer para convertirse en el de quien orienta a la gente para moverse en la organización y la guía usando su experiencia para contenerla emocionalmente y, sobre todo, asegurando reglas de juego claras para todos. Por eso, abrimos el presente capítulo afirmando que el valor de una organización depende cada vez más de sus conocimientos y su capacidad de hacer y aprender, siendo el management el principal responsable de desarrollar esto[3].

El rol del jefe o el gerente tiende progresivamente a dejar de ser el de quien ordena qué hay que hacer para convertirse en el de quien orienta a la gente para moverse en la organización y la guía, usa su experiencia para contenerla emocionalmente y, sobre todo, asegura reglas de juego claras para todos.

Parafraseando a Karl Popper y sus "nubes y relojes"[4], la noción de gestión del conocimiento permite trabajar con configuraciones amplias, más bien entrópicas y aparentemente etéreas ("nubes"), y con otras bien definidas y precisas como máquinas ("relojes"). Entre las primeras, se cuentan las mentalidades, la cultura, las instituciones y las prácticas arraigadas, así como los mercados y los no mercados que regulan las expectativas y las decisiones microeconómicas. La misión organizacional mantiene siempre una relación de influencia recíproca con el marco político en el cual se desenvuelve, aun cuando no podamos establecer una correspondencia unívoca entre un dominio y otro. Los cambios en el sistema político pueden ocasionar transfor-

---

3   De manera análoga, desde un punto de vista macro, una sociedad también se vuelve más competitiva a través de la gestión del conocimiento. Si bien podría hablarse de educación o de investigación y desarrollo, la expresión "gestión del conocimiento" –relativamente nueva en el campo de la administración– es lo suficientemente difusa como para abarcar incluso la acción de cualquier clase de organización comprometida en la generación, transferencia y retención de conocimientos.

4   Popper, Karl R. "Of Clouds and Clocks. An Approach to the Problem of Rationality and the Freedom of Man". En *Objective Knowledge. An Evolutionary Approach,* de Karl R. Popper, 206-255. Nueva York: Oxford University Press, 1979.

maciones en el contexto de los negocios y viceversa, mientras que, en algunos casos, negocios y política se modifican juntos. Un ejemplo en curso es la salida del Reino Unido de la Unión Europea ("Brexit"). Por otra parte, podemos identificar los "relojes" con los sistemas de ciencia y tecnología, la educación y las agencias no específicamente educativas que logran coordinaciones sociales que, de una u otra manera, producen conocimiento. Un país capaz de generar conocimientos debe poder crear también las condiciones en las cuales ese conocimiento tenga sentido. El desarrollo del conocimiento requiere una demanda, que se origina en la emergencia de una estructura productiva con incentivos para la innovación, una infraestructura científico-tecnológica adecuada y –sobre todo– un alto nivel de educación en la población[5].

Construcción de conocimiento

En rigor, afirmar "yo sé" significa poder hacer aquello de lo que se habla: todo conocimiento tiene una práctica. Aunque la teoría y la práctica –por lo general– suelen ser presentadas como contrapuestas, tal vez la oposición en verdad relevante sea entre el conocimiento productivo y el conocimiento redundante.

Mientras que los saberes redundantes son una demostración del acervo material y cultural ya conocido por la sociedad, los saberes socialmente productivos "modifican a los su-

---

5 El nivel necesario de formación exige repensar el sistema educativo en general y, en particular, la educación universitaria de calidad y el desarrollo de la investigación. La noción de gestión del conocimiento es una invitación a repensar la realidad como una posibilidad educativa, utilizando también el potencial de conocimiento contenido en las redes constitutivas de la sociedad y de las organizaciones no específicamente educativas. Esto requiere nuevas prácticas y nuevas teorías. Demanda volver a preguntarse por el conocimiento y por las estructuras sociales que lo generan.

jetos enseñándoles a transformar la naturaleza y la cultura"[6]. Los conocimientos productivos se refieren siempre a sujetos concretos, con relaciones capaces de producir, fabricar o generar ideas o cosas que antes no existían (*ib.*)[7]. A diferencia de la información, suele ser tácito[8], colectivo (en tanto abarca redes y vínculos) y percibido por

> *Afirmar "yo sé" significa poder hacer aquello de lo que se habla: todo conocimiento tiene una práctica.*

los jugadores como significativo en un cierto contexto[9]. Es importante notar que la información que puede brindar un manual, un sistema de *knowledge management* o un curso tiende a ser individual y explícita, en tanto que el conocimiento productivo –reiteramos– es más bien tácito y colectivo.

El conocimiento productivo incluye habitualmente a otros sujetos, es decir, supone vínculos interpersonales. En cualquier tipo de tarea dentro de la organización, la gente depende de redes de información, confianza y habilidades que, a su vez, conforman extensas redes de práctica capaces de construir conocimiento, identidad y sentido a partir de la experiencia. Gestionar el conocimiento en una organización requiere capturar y redistribuir información, pero no se limita a eso. La información debe ser incorporada por

---

6 Puiggrós, Adriana y Gagliano, Rafael. *La fábrica del conocimiento. Los saberes socialmente productivos en América Latina*. Rosario: APPEAL-Homo Sapiens, 2004.

7 Lo que Puiggrós y Gagliano llaman "conocimiento redundante" bien podría ser también el conocimiento disciplinar, que se vuelve productivo para aquellos que están en condiciones de operar con él; para los que han recibido lo suficiente como para poder repetirlo en el mismo contexto y en la misma forma en que lo recibieron, pero no de operarlo autónomamente, sería apenas un conocimiento "frágil" o "inerte" en la expresión de Whitehead.

8 Polanyi, Michael. *The Tacit Dimension*. Londres: Routledge, 1966. Nonaka, Ikujiro, e Hirotaka Takeuchi. *The Knowledge Creating Company*. Oxford: Oxford University Press, 1995.

9 Weick, Karl E. y Roberts, Karlene H. *Op. cit.* Gore, Ernesto. *Conocimiento colectivo. La formación en el trabajo y la generación de capacidades colectivas*. Buenos Aires: Granica, 2003.

119

individuos capaces de modificar sus mapas de la realidad y sus convicciones, y de coordinar sus conductas junto con otros. Por esa razón hablamos de conocimiento *colectivo*, un conocimiento cuya calidad depende de la calidad de las interrelaciones. En síntesis, además de información, el conocimiento supone una cierta forma de vincularse y ciertas expectativas sobre qué harán los otros con lo que uno haga. En última instancia, para desarrollar conocimiento a partir de una información, es importante reparar en qué significado, qué sentido tiene hacer algo en un contexto determinado. El carácter crítico del conocimiento compartido se hace más palpable en organizaciones ágiles, que trabajan por proyectos y enfrentan usualmente altos niveles de rotación. En esos casos, la "subespecificación de las estructuras" –que todo el mundo sepa más de lo que necesita– a la que nos referimos en el capítulo anterior se vuelve clave. Cuando una persona que trabaja en un proyecto con un cliente se va, hay otra que puede reemplazarla y así mantener no solo la tarea sino también el vínculo funcionando. Desde luego, todo esto constituye un aspecto "nube" de la gestión del conocimiento.

> *Además de información, el conocimiento supone una cierta forma de vincularse y ciertas expectativas sobre qué harán los demás con lo que uno haga.*

En cuanto al aspecto "reloj", conviene detenernos en una máquina clásica de gestión del conocimiento: la escuela. Como diseño organizativo, la pandemia ha significado un brusco cambio en una organización que se las había arreglado para mantenerse muy parecida a sí misma durante cientos de años. La incorporación de internet a la enseñanza trastocó dos de sus rasgos más típicos: la sincronicidad (todos en el mismo lugar y en el mismo momento) y su carácter "no negociable" (*non tradable*, imposible de exportar, importar o servir en un lugar diferente a aquel donde se ofrece). Es muy probable que estos elementos, sumados al desarrollo de la inteligencia artificial, nos muestren en los próximos años una revolución educativa.

Pero volvamos a la escuela tal como la conocemos. Esta –decíamos– ha variado relativamente poco en el transcurso del tiempo, mientras que su estructura, las redes que tiende y los colectivos que la integran se organizan sobre la base de supuestos que casi nunca se verifican en las organizaciones productivas de hoy. Así, las escuelas parecen dar por sentado que: a) todo el conocimiento es explícito y preexistente; b) si una persona no hace algo es porque no sabe; y c) el conocimiento se incorpora a redes preexistentes también. Los sujetos formados en esta escuela, ¿qué encuentran cuando se incorporan a otras clases de organizaciones?

El "conocimiento de aula" como dispositivo suele ser trasladado de manera acrítica al contexto organizacional y, por lo tanto, se confía en capacitar a la gente proveyéndole saberes explícitos mediante una actividad, un curso, un manual u otros mecanismos análogos. Esta codificación es una de las dos formas características en que la organización difunde el conocimiento; la otra vía son las relaciones personales, relaciones que pueden ser la base predominante del entrenamiento formal en aquellos entornos laborales donde los problemas a resolver no son repetitivos, sino que demandan a los sujetos respuestas versátiles que, por tanto, se resisten a ser codificadas en un manual. Cuando la organización necesita transmitir esta última clase de saberes, lo habitual es que el aprendiz trabaje cerca de la tarea y de quien tenga una experiencia significativa en su abordaje.

La formación en conocimientos codificados que se lleva adelante en el trabajo –así como la que brinda la escuela– supone que el conocimiento es preexistente a la actividad de enseñanza (como las tablas de multiplicar para el maestro o el circuito de autorización de pagos para el flamante empleado de la contaduría). Se trata de aprendizajes útiles, desde luego, porque brindan un punto de partida para la resolución de problemas en la ejecución de un protocolo de trabajo. Sin embargo, por lo general, el conocimiento realmente relevante para el desempeño en la organización suele ser tácito y se crea en el mismo ambiente donde se trabaja: es en la labor donde se generan y transfieren conocimientos, aunque la práctica no haya sido pensada por el management con propósitos "educativos" en un sentido estricto.

Que el sujeto cuente con su conocimiento individual no alcanza para que lo ponga en juego efectivamente: es preciso que la conducta donde se expresa dicho conocimiento pueda coordinarse con las conductas de otros. ¿De qué vale "saber" (esto es, haber sido informados) del circuito de autorización de pagos si, en la práctica, nadie lo implementa, o si no condiciona efectivamente ninguna acción relevante? Sabemos que, muchas veces, el poder de decisión de un jefe, gerente o dueño convierte en letra muerta el proceso administrativo mejor diseñado. Así, para que esa información que brinda el manual cobre vida (tenga impacto real) requiere que sea acompañada de una coordinación concreta de conductas. Existe una relación directa entre generación, transmisión y retención de conocimientos, por un lado, y la formación y desarrollo de redes interpersonales, por el otro.

Un manual de procedimientos, por ejemplo, necesita al menos convertirse en *tema de conversación* del grupo de trabajo que va a implementarlo. Si buscamos que esa información contenida en el manual se convierta en conocimiento (o sea, que se transforme en un saber que permita hacer algo que antes no podía hacerse), es preciso que los sujetos involucrados comprendan la situación en que se pretende aplicarlo. Solo en el marco de esa clase de intercambio podrán descubrirse las creencias, los vínculos y la construcción grupal de sentido que necesitan tematizarse para coordinar las conductas de sus miembros.

De manera similar debe procederse cuando se busca que dos o más grupos de una organización construyan conocimiento conjuntamente. Pensemos, por ejemplo, el significado que el protocolo de pagos puede tener para la gente de contaduría y para la de compras. Es altamente probable que un grupo y otro, puestos a conversar sobre el mismo tema, aborden el diálogo subrayando y minimizando aspectos diferentes: mientras los contadores tal vez enfaticen la transparencia y el ordenamiento de las operaciones de pago, los compradores seguramente se concentren en las dificultades o las facilidades de negociación que el procedimiento instituido les plantea. Resulta evidente que cada grupo domina y está imbuido en una perspectiva peculiar del tema. No obstante, aun cuando los abordajes puedan parecer –en principio– apenas conciliables, ambos constituyen "islas" cuya conexión debe ser alentada, facilitada y promovida desde el management mediante intercambios que permitan a unos y otros enriquecer sus conocimientos al inscribirlos en un contexto de sentido más amplio que el que proveen sus respectivos sectores. De este modo, las visiones más localistas (la de contaduría, la de compras…) no se trasladan, sino que se transforman[10], porque sus significados se modifican sensiblemente: se amplían y nutren mutuamente construyendo una imagen del tema o problema más abarcadora. Como veremos más adelante, la circulación y el estancamiento del conocimiento dependen en buena medida del papel que la práctica conectada y las prácticas de los sectores desempeñen en esos procesos, y del rol que los grupos sociales que conforman la organización asuman en la construcción de esos sentidos compartidos. No alcanza que un conocimiento sea explícito para poder compartirse. Es necesario que haya

---

10 Bechky, B.A. "Sharing Meaning Across Occupational Communities: The Transformation of Understanding on a Production Floore", en *Organization Science*, Vol. 14, N° 3, mayo-junio de 2003.

también una práctica compartida. El conocimiento circula por las prácticas

Aunque es obvio, tal vez convenga señalar que no rechazamos o desvalorizamos que las organizaciones (incluida la escuela, los museos y las organizaciones sin fines de lucro) transmitan y se valgan de conocimientos preexistentes: esto es imprescindible, tanto para no volver a inventar la rueda como para garantizar que se reproduzca aquello que hizo exitosa a la organización. Pero si una organización solo se vale de esa clase de conocimientos, es probable que no tenga entre manos un "negocio", pues su capacidad de generar competencias distintivas es nula y, por tanto, su capacidad de competir también lo es. Sí, nuevamente, nos referimos a la tensión entre retención y variación. En buena medida, definir cuál es nuestro negocio (en el sentido que lo define la Real Academia Española, como "aquello que es objeto o materia de una ocupación lucrativa o de interés") consiste en decidir qué conocimientos anteriores dejar de lado (desacreditar) y a cuáles prestar atención (acreditar), generando además nuevos conocimientos sobre cómo poner en acción viejos conocimientos en un nuevo contexto. Todo eso es gestión del conocimiento.

Reflexionar, comprender, cambiar

Los jefes suelen creer que los trabajos de sus subordinados son de los más sencillos, de la misma manera que quienes están en posiciones operativas suelen creer que la vida de los directivos, repleta de almuerzos, reuniones y golf, es de lo más placentera. Es cierto que algunos trabajos son más esforzados y difíciles que otros, pero lo real es que no hay trabajos fáciles. Todo trabajo, aun el más sencillo, exige enfrentar lo inesperado y requiere cierta maestría para enfrentar su complejidad.

Las personas enfrentan esa complejidad de distintas maneras, algunas más efectivas que otras. Tal vez la forma más primitiva sea el uso de la fuerza. Por suerte, lentamente va cayendo en desuso, aunque algunas personas nos recuerden que la lógica del garrote aún tiene sus seguidores. Hay, por suerte, formas que sin ser del todo sustentables son un poco más evolucionadas: allí están las opiniones. Las opiniones son juicios que se emiten como si fueran afirmaciones reductibles a verdadero o falso cuando en realidad expresan solamente puntos de vista. Si pensamos la verdad como la adecuación entre una proposición y un cierto estado de cosas, diremos que las opiniones son "verdaderas" en tanto expresan el estado de cosas que llamamos "punto de vista" de quien las sostiene.

Todo trabajo, aun el más sencillo, exige enfrentar lo inesperado y requiere cierta maestría para enfrentar su complejidad.

Por ejemplo, si alguien opinara que la empresa tiene un problema severo con la calidad de atención al público, el jefe podría decir que no, que esos son mitos, que "a la gente le gusta esperar porque se entretiene charlando o mirando el celular". Es una opinión. Y si esta encontrara otra opinión en contrario, probablemente se impondrá en la medida en que sea pronunciada en la reunión por el sujeto con más rango o con la voz más fuerte. Podría ocurrir también que el grupo la acepte simplemente porque así se puede levantar una reunión aburrida o inconducente, para que cada uno vuelva a las tareas que estima más importantes. Siguiendo con nuestro ejemplo, algunos curiosos observan que, cuando hay varias opiniones, una suele pertenecer a una persona que no trata con el público, otra a la de alguien que sí lo hace y tiene amplia experiencia, y una tercera a la de alguien que está superado por la cantidad de gente que debe atender todos los días. Resulta notable que la gente sin experiencia o que es incapaz de procesar la que tiene (como ocurre con el primer y el tercer caso) se forma opiniones más definitivas, claras y contundentes que quienes están comprometidos de lleno con la tarea tratando de solucionar problemas y de encontrar nuevos caminos para resolver dilemas inesperados. Los que tienen experiencia y saben, dudan; los que no saben, suelen sentenciar con énfasis.

Enfrentar los problemas exige dudar, tomar lo que uno sabía de antes como una hipótesis que podría ser eventualmente rebatida por una nueva experiencia. Sería tonto dejar de lado los saberes capitalizados de la experiencia anterior, pero resultaría necio también aferrarse a ellos desconociendo la posibilidad de que haya situaciones diferentes, nuevas. Es evidente que no proponemos un ejercicio de diletantismo abstracto. La duda a la que nos referimos es parte de un proceso de aprendizaje y, por tanto, exige ser procesada en la acción: no llama a la quietud, sino a actuar rápida y decididamente, pero con atención y escucha para entender lo que sucede. La acción busca entender qué es importante y qué es accesorio, qué puede ayudar y qué puede entorpecer. Esa clase de acción es una forma de reflexión, porque se actúa para comprender y se comprende para cambiar.

> *La acción busca entender qué es importante y qué es accesorio, qué puede ayudar y qué puede entorpecer. Esa clase de acción es una forma de reflexión, porque se actúa para comprender y se comprende para cambiar.*

El valor de la práctica

La noción de "práctica", en tanto hacer, tiene dos significados principales. Por una parte, es la preparación para el ejercicio de una actividad en el mundo real (por ejemplo, la práctica de la guitarra para aprender a tocar el instrumento o la práctica hospitalaria que hace un estudiante de medicina en el marco de su formación). Por otro lado, la práctica es un tipo específico de hacer, validado por un grupo de individuos que, dado que comparten un saber específico y en algún grado institucionalizado, se reconocen como colegas, esto es, miembros de una comunidad de práctica.

A Donald Schön le asombraba el mito de que la práctica es algo mecánico, un hacer que no requiere mucho cerebro. Para él, había teorías y prácticas tontas, así como otras inteligentes: la reflexión en la acción se contaba, sin duda, entre estas últimas. Su mujer era escultora y él veía cómo, al esculpir, ella llevaba adelante una exploración inteligente: sucedía un diálogo entre lo que la artista quería hacer y lo que el material le permitía. Algo parecido observaba Henry Mintzberg cuando su esposa hacía alfarería y, pensando en esa labor, definió a la estrategia como *crafting*, un diálogo entre los propósitos iniciales de la acción y lo que las circunstancias materiales hacen posible, a veces restringiendo nuestras inquietudes iniciales, a veces ampliándolas[11]. El diálogo entre el quehacer humano y la realidad es una reflexión en la acción.

> *El diálogo entre el quehacer humano y la realidad es una reflexión en la acción.*

A diferencia del conocimiento codificado, el que surge de la reflexión en la acción es capaz de lidiar con cierta ambigüedad, como el ebanista que –de algún modo– resuelve hasta dónde este trozo de madera soportará la torsión. Por supuesto, si le pidiéramos que escriba un manual sobre cuánta fuerza aplicar, seguramente sentenciaría…

---

11   *Cfr.* Capítulo 1.

"hasta acá". Algo similar nos respondería un negociador internacional experimentado respecto de cuánto conceder o un maestro con muchos años de ejercicio sobre cuándo dejar de corregir la caligrafía de un alumno. Hay algo personal, individual, que se juega en ese hacer que toma un riesgo calculado "a ojo de buen cubero" (siendo el fundamento del "buen" su experiencia reflexionada y el secreto de su efectividad).

Por lo demás, la reflexión en la acción afronta también limitaciones que le son particulares. En primer lugar, porque no siempre puede lograr capturar ese "hilo invisible" que permitiría hilvanar fenómenos que se presentan diversos. Nótese, por ejemplo, que recién en las últimas décadas ha comenzado a otorgarse a la emocionalidad un lugar protagónico en la explicación de hechos tales como la eficacia de un tratamiento médico o la puesta en juego (o no) de capacidades intelectuales. Para esto, fue necesario "ampliar" el recorte de fenómenos relevantes a fin de explicar determinados comportamientos.

En segundo lugar, la reflexión a veces se limita a evitar conflictos o a no vernos obligados a revisar cuestiones subjetivas. Aquí vale la pena señalar la importancia que adquiere una autoridad que, entre quienes reflexionan sobre lo que hacen, promueva y aliente la confianza en que será respetado y contenido por el grupo.

En tercer término, la reflexión en la acción lleva consigo un aprendizaje que, en rigor, se restringe a un determinado contexto, a una estructura organizacional, a un negocio y su cultura. Al respecto, conviene tener presente que no siempre es legítimo universalizar o trasladar mecánicamente ciertos saberes.

En cuarto lugar, y desarrollando algo más lo que apuntábamos antes, conviene recordar que el conocimiento que surge de la reflexión no siempre es fácilmente verbalizable. Es común que opere como un saber privado del individuo que lo produce, conectado –además– con aspectos subjetivos emocionales y físicos.

Lo expuesto explica (al menos en líneas generales) por qué Schön sostiene que la práctica es una forma de la acción que genera un saber emergente de la reflexión y derivado de un determinado contexto: como señalan Lave y Wenger[12], es conocimiento situado. Lo que el individuo trae como conocimiento (adquirido en la capacitación de ingreso a la organización, en trabajos similares anteriores, en su escuela o su carrera universitaria) se conjuga en la práctica con la acción para operar ese saber resolviendo los desafíos cotidianos y abordando lo nuevo en un determinado espacio y tiempo.

Si bien hemos apuntado los aspectos más individuales de la reflexión en la acción, esto no significa que el vínculo del sujeto con los demás miembros de la organización carezca de relevancia. En realidad, la calidad del vínculo entre los actores relacionados con la tarea asignada definirá en buena medida la calidad del conocimiento emergente de la práctica: nuevamente, volvemos a la necesidad de trabajar sobre el vínculo entre "las islas mal conectadas". Recordemos una vez más que la diferencia entre información y conocimiento reside en que este último cambia conductas a partir de una comprensión de la situación en que ese conocimiento se pone en juego y la construcción social de un sentido. Como señalan Brown y Duguid[13], la práctica se

> *La calidad del vínculo entre los actores relacionados con la tarea asignada definirá en buena medida la calidad del conocimiento emergente de la práctica.*

---

12   Lave, Jean y Wenger, Étienne. *Situated Learning. Legitimate Peripherical Participation.* Cambridge: Cambridge University Press, 1991.

13   Brown, John Seely y Duguid, Paul. "Organizational Learning and Communities-of-practice: Toward a Unified View of Working, Learning, and Innovation". *Organization Science* 2, N° 1, Special Issue: *Organizational Learning: Papers in Honor of (and by) James G. March.* 1991, pp. 40-57.

constituye a través de la construcción social, la colaboración y las narraciones. Las habilidades (saberes) que se desarrollan en la práctica se retienen en las historias transmitidas de persona a persona. Así como el aprendizaje surgido de la reflexión en la acción es inseparable del trabajo, el aprendizaje individual resulta inseparable del colectivo que lo produjo.

En la reflexión, la acción precede y sucede al pensamiento: es un diálogo entre ambos factores. Pero a veces ocurren cosas que no vemos o que desatendemos, y –en consecuencia– nada hacemos con ellas. No dialogamos con esos eventos. Y luego… ¡sucede lo inesperado! Porque la realidad ignorada trama siempre su venganza, como advertía Ortega y Gasset. La falta de acción y, por tanto, de reflexión es un factor causal con frecuencia más potente que la acción misma, aunque resulte difícil de creer para algunos gerentes.

Por lo demás, la realidad suele sorprender. Así, prácticas que habían funcionado siempre pierden eficiencia o no llegan a dar abasto: síntoma de que la realidad ha cambiado fuera o dentro de nosotros. Y lo que antes nos satisfacía, ha dejado de hacerlo. Ante este escenario, es preciso detenerse, reflexionar sobre lo que se hace, lo que se busca y lo que sucede. Es necesario reflexionar sobre la reflexión en la acción. Mientras que la reflexión en la acción puede llevarse a cabo en silencio, la reflexión sobre la reflexión en la acción exige verbalizarse, hablar sobre lo que sucede. Es claramente un fenómeno colectivo porque, aunque lo hagamos en soledad, estamos dialogando con otros, estén presentes o internalizados por nosotros.

> *La reflexión sobre la reflexión en la acción exige verbalizarse, hablar sobre lo que sucede.*
> *Es claramente un fenómeno colectivo.*

Es interesante mirar nuestras organizaciones desde estos puntos de vista, porque cuando la gente actúa motivada por la tarea y no solo por un premio o una amenaza, lo hace con compromiso y su práctica es realmente un proceso de reflexión en la acción.

Cuando el liderazgo es un fenómeno emergente, que no se limita –ni es limitado– al que tenga o conceda la autoridad formal, la reflexión sobre la reflexión en la acción deviene en un diálogo permanente entre la gente que construye la organización. Es decir, entre todos. No nos pasa inadvertido que esta reflexión sobre la reflexión no es la dinámica más frecuente. Aunque todo en las organizaciones sea práctica, hay una que suele estar ausente: la práctica de pensar la práctica, de aprender comprendiendo, lejos de cualquier repetición mecánica.

Diversos tipos de conocimiento

Si analizamos con mayor detenimiento aquello que circula en la organización como "conocimiento", podríamos caracterizar las formas básicas en que se presenta y que estimamos útiles para echar luz sobre ciertos malentendidos.

La Figura 9 (véase página siguiente) presenta una matriz que relaciona conocimiento individual y grupal con su condición de explícito o tácito, al tiempo que cada cuadrante define la forma de conocimiento correspondiente.

El conocimiento individual y explícito caracteriza a los conceptos que se vuelcan, por ejemplo, en una descripción de puestos: lo que hace (y, suponemos, sabe hacer) quien desempeña esa posición. Las historias, por su parte, constituyen el conocimiento que los miembros de la organización comparten en sus intercambios (formales o informales, es decir, a través de un memo, en una reunión de trabajo o en la conversación casual junto a la máquina de café).

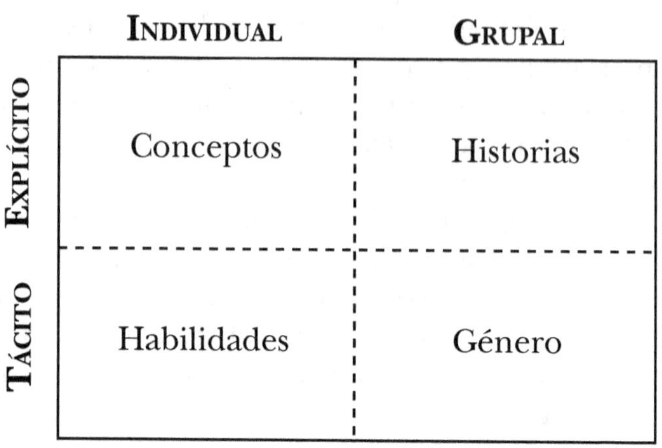

Figura 9. Formas de conocimiento (Cook y Brown)[14].

Pero las organizaciones reúnen también un acervo de conocimiento tácito y difícilmente compartido (habilidades de un individuo, aquel "ojo de buen cubero" al que nos referimos más arriba), o tácito (también) pero compartido grupalmente y al que Cook y Brown (*ib.*) denominan "género" (en un sentido análogo a cuando nos referimos a una película diciendo que es del género policial o una comedia).

De acuerdo con estos autores, todo grupo define en forma tácita "géneros", esto es, el marco conceptual en que se inscribe y significa lo que allí sucede y cómo se aborda. Esta definición nos ayuda a comprender por qué afirmamos que no es posible transferir mecánicamente un conocimiento generado en un contexto a otro. El cambio del ambiente semántico (o sea, de las coordenadas que nos permiten comprender correctamente el sentido de los intercambios dentro de un grupo determinado) exige (re)

14 Cook, S.D.N. y Brown, John Seely. "Bridging Epistemologies: the Generative Dance Between Organizational Knowledge and Organizational Knowing". *Organizational Science* 10, N° 4 (julio-agosto de 1999), pp. 381-400.

construir socialmente (entre todos) la significación que los mensajes y las conductas tendrán en un nuevo espacio de trabajo. Una vez más, la organización (como ambiente semántico general) necesita trabajar en las conexiones y traducciones entre sus áreas y subculturas (entendidos como ambientes semánticos cercanos o particulares) a fin de generar, identificar y explotar las oportunidades de innovación.

Confianza, respeto y aprendizaje

Cuando una acción no produce el resultado que esperamos, corregimos esa acción hasta lograrlo. Chris Argyris[15] denominó a este proceder "aprendizaje de circuito simple" (*single loop learning*). La divergencia entre el resultado esperado y el resultado obtenido es interpretada por el sujeto como un error. En consecuencia, toma esa información para retroalimentar su práctica corrigiendo sus estrategias de acción en el marco del procedimiento establecido. Esto es lo que hace el cocinero que vuelve a ensayar una receta que no le resultó de la manera deseada mejorando la calidad de los ingredientes; lo que hace el docente que descubrió que el orden de su exposición no fue el más claro para sus estudiantes y, por lo tanto, lo reformula; o el tornero que pide la calibración de su herramienta tras observar un incremento en el número de piezas falladas. En todos los casos, las modificaciones que se introducen para corregir el error no cambian la lógica del procedimiento, las normas que lo rigen, el tipo de resultado que se busca. En un contexto organizacional, el aprendizaje de circuito simple se produce a través de

---

15 Argyris, Chris. "Teaching Smart People How to Learn". *Harvard Business Review*, N° 69 (1991), pp. 99-109.

la interacción de individuos que ocupan distintos lugares en el sistema de tareas. Cuando la producción cae, por ejemplo, los miembros pueden instituir un nuevo sistema de trabajo extra para llevarla de vuelta a los niveles deseados. El aprendizaje de circuito simple es indispensable en nuestra vida para generar eficiencia.

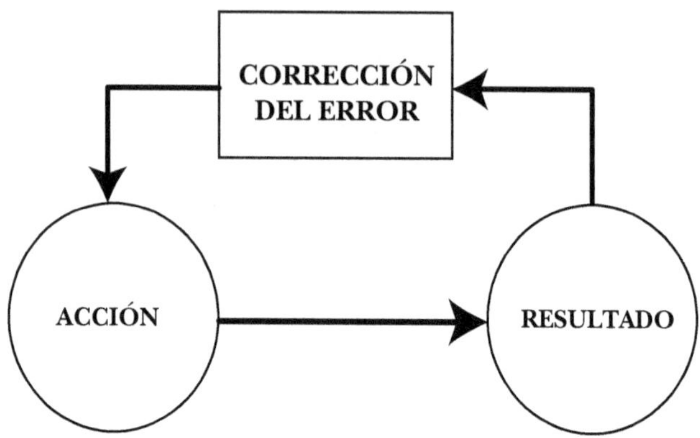

Figura 10. Argyris: aprendizaje de circuito simple.

El aprendizaje de circuito simple es indispensable. Sin embargo, puede convertirse en un obstáculo importante para resolver problemas originados en que las normas que gobiernan la acción están equivocadas. ¿Cuáles son esas "normas"? Los supuestos básicos, los valores, los modelos mentales y demás; en suma, es la teoría que gobierna la acción. Esta clase de "error" se pone en evidencia en los más variados ámbitos. Por ejemplo, si un segmento de la sociedad cambia su paradigma de alimentación saludable, no bastará con que la industria alimentaria abarate sus productos o extienda su distribución; en vez de eso, necesitará revisar el diseño y la composición de sus productos para continuar compitiendo por ese público. Si una empresa marketinera vende un producto cuyo sabor no satisface a sus consumidores, es más probable que piense en nuevas campañas publicitarias o en aumentar la eficiencia de su equipo de ventas antes que en testear y modificar el producto que ofrece. Si la acción de promoción resulta eficiente, más gente probará el producto y se convencerá de que no le gusta. Cuanto más venda, peor. Nótese que, en ambos ejemplos, el problema no es el proceso mediante el cual se produce el alimento o se plantea la estrategia de ventas: son los supuestos sobre los cuales esos productos fueron diseñados lo que les ha restado eficacia.

Desde luego, indagar en ese cambio de la teoría que gobierna la acción, o sea, de las ideas generales en que se inscriben las prácticas (fabricar un yogur, crear un incentivo) nos exige ir más allá de revisar el resultado de la acción (aprendizaje de circuito simple). Cuando la teoría o los supuestos que gobiernan la acción están equivocados, corregir la acción sobre la base de esos supuestos solamente aumentará el problema. Cuando el criterio de corrección es equivocado, cuánto más corrijo, más empeoro la situación. En este caso, es preciso corregir la teoría que gobierna la acción para recién luego corregir la acción misma. Así, mientras el aprendizaje de circuito simple busca corregir un error, el aprendizaje de circuito doble corrige la forma en que corregimos los errores.

El problema del aprendizaje de circuito doble es que nos obliga a revisar nuestros errores y, consecuentemente, a exponerlos ante nuestra mirada o ante los demás. Además de no ser agradable, de resultar doloroso en muchos casos, el aprendizaje de circuito doble modifica el *statu quo*, nos saca de las zonas de confort. Es frecuente que, como individuos, estemos habituados a manejarnos en el territorio del aprendizaje de circuito simple y tendamos a evitar el cuestionamiento que supone el aprendizaje de circuito doble.

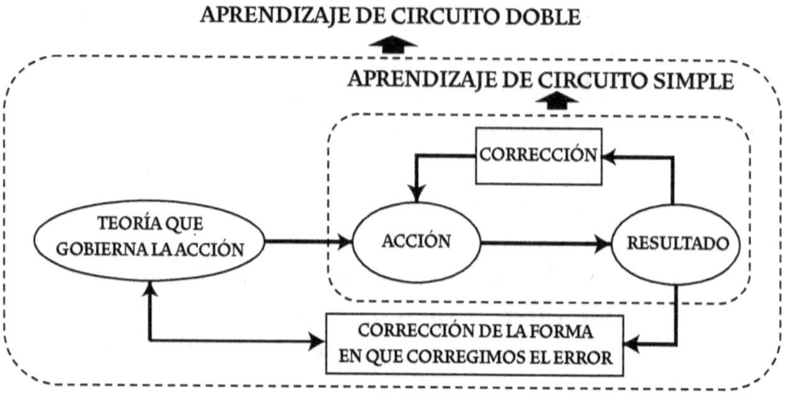

APRENDIZAJE DE CIRCUITO DOBLE

Figura 11. Argyris: aprendizaje de circuito simple y aprendizaje de circuito doble.

Las organizaciones se comportan de modo análogo. Resulta evidente que la innovación depende fuertemente de que este segundo tipo de aprendizaje sea estimulado y legitimado desde el management. Esto nos conduce a subrayar nuevamente la necesidad de que la dirección brinde reglas de juego claras, brinde orientación y contención a los miembros de la organización en ese proceso de aprendizaje. Por decirlo de otra manera, la ambidiestría organizacional requiere el temple necesario para poder seguir haciendo lo que se hace y, simultáneamente, revisar los supuestos que gobiernan la acción que los guía, aun sabiendo que esa revisión modificará el *statu quo* y el juego de poder en la organización. En suma, cuando la calidad del conocimiento se juega en la calidad de los vínculos, esta depende del espíritu y la fortaleza de la *band of brothers* a la que nos referimos en el Capítulo 2.

Poner en valor los talentos

Hace tiempo que el management ha dejado de limitarse a asignar objetivos y procedimientos claros a cada uno para que se limite a cumplirlos: se espera que todos, en su ámbito de actuación, hagan y piensen. En un contexto crecientemente imprevisible, altamente competitivo y sumamente globalizado, se imponen tanto la necesidad de innovación, como la de reconocer y crear espacios adecuados para el despliegue del talento de los colaboradores, quienes –por lo general– saben de lo suyo bastante más que sus jefes.

El talento en las organizaciones es un factor demasiado crítico para ser tratado con liviandad o desperdiciarlo. Aislar dentro de la organización a una persona de alto potencial, no promover y alentar su conexión con el resto de la organización, puede equivaler a convertirla en un recurso estéril. En nuestra práctica profesional, hemos observado que las redes de interacción internas muestran con frecuencia que un alto porcentaje de esos potenciales se ubicaba en la periferia de las redes organizacionales. Esto equivale, en la práctica, a declarar que sus conocimientos y habilidades son desconocidos por el management o (al menos) tratados como escasamente valiosos. Cabe agregar como dato curioso, extraído también de esas experiencias, que alrededor de la mitad de quienes están más conectados no son considerados por la gerencia como individuos de alto desempeño.

Una pequeña organización de alta tecnología, consciente de que el conocimiento y la capacidad de aprender eran su principal capital, realizó recientemente el mapa de su propio saber organizacional, que consistió primeramente en definir cuáles eran los conocimientos especializados o experticias críticas del negocio, esto es, los que construían su valor. Después, pidió a los participantes de la encuesta que definie-

> *En un contexto crecientemente imprevisible, altamente competitivo y sumamente globalizado, se imponen tanto la necesidad de innovación como la de reconocer y crear espacios adecuados para el despliegue del talento de los colaboradores.*

ran quiénes consideraban como referentes en cada uno de esos conocimientos especializados. El dato sorprendente fue que, en algunas pericias críticas, la mitad de los participantes no sabía quiénes eran los referentes en el tema. Cuando los encuestados eran invitados a buscar a esos expertos más allá de los que habían identificado entre sus conocidos dentro de la organización, comenzaban a surgir otros. Sorprendentemente, respecto de algunos de los talentos así descubiertos, aunque formaban parte de equipos y redes familiares, el encuestado no sabía de sus experticias; otros talentos, en cambio, eran francamente desconocidos y absolutamente inesperados. Cuando toda esta información salía a la luz, entre otras consecuencias, las posibilidades de tomar buenas decisiones y de innovar se incrementaban en la medida en que el conocimiento y la experticia de los participantes de la red se hacía más visible.

¿Pueden elaborarse mapas exactos del talento? No. Sin embargo, resulta útil tener algunas ideas importantes en mente cuando se encara una tarea en relación con ellos[16].

a) No desarrollar en aislamiento nuevas ideas ni nuevos proyectos. Es importante involucrar a líderes de opinión y expertos en su desarrollo. Ellos traerán información crítica y una visión profunda. Como valor extra, proveerán legitimidad y facilitarán la adopción de los resultados en la fase de implementación.

b) Buscar retroalimentación en diferentes fuentes, sectores de interés y audiencias para crear confianza. Esto permitirá refinar las ideas y construir apoyo, acortando los tiempos para probar y testear sin perder oportunidades debido a demoras.

---

16 Gore, Ernesto y Gingold, Laura. "El talento invisible en las organizaciones." *La Nación*, 29 de octubre de 2017.

c) Aprovechar y recombinar el conocimiento ya existente en la organización o que esté accesible en el mercado a través de las redes personales.

d) No temer mostrarse vulnerable, ser genuino, pedir ayuda. No mostrar una máscara: si nos abrimos a otros, otros se abrirán. Ese es el modo en que se establecen relaciones de mayor confianza.

e) Los talentos se desperdician cuando se los aísla, se los menosprecia o se los carga con tareas para las que no son los mejores, sin escucharlos ni identificar los aspectos en los que podrían hacer contribuciones significativas.

Si bien hay grandes diferencias entre las habilidades de los individuos, hay también muchísima evidencia de que la gente común puede alcanzar altos niveles en sistemas bien diseñados y, como ha dicho Robert Sutton, aun "una súper estrella está condenada al fracaso en un mal sistema". Ayudar a generar buenas redes y buenos sistemas de toma de decisiones atrae y retiene a la gente más talentosa como para enfrentar aquello que hoy no podemos imaginar que podría ocurrir mañana.

CAPÍTULO 5

La construcción del conocimiento

Para pertenecer a un grupo determinado, una persona debe adquirir las competencias que ese grupo requiere y, además, tener cierto grado de integración en él. Para ser un artista, por ejemplo, no alcanza con el dominio técnico de una disciplina. Alguien puede bailar magníficamente, pero para ser parte del colectivo de los artistas del ballet es necesario que se considere a sí mismo como uno de ellos y que ellos lo consideren parte de ese colectivo.

Ser bailarín requiere, por una parte, aprender lo que saben y hacen esos artistas, y por otra, integrarse a un grupo de individuos que se consideren a sí mismos –y sean considerados por otros– bailarines. Aprender e integrarse, aunque suelen ser consideradas cosas diferentes, son aspectos de un mismo proceso social. Es necesario aprender (adquirir competencias) para integrarse (ser parte), y es preciso integrarse para poder aprender y seguir aprendiendo. Esta es la razón por la cual sostenemos que saber no es una cuestión solo intelectual e individual. Implica desplegar aprendizajes que fueron definidos en comunidades sociales. El saber es un acto de pertenencia y aprender implica una práctica social de participación y de integración.

Nosotros y los otros

Evitaré definir aquí el aprendizaje como un cambio perdurable no atribuible a la maduración, como me enseñaron a mí en la escuela normal hace más de medio siglo, sino como una acción resultante de pertenecer y de participar, algo imposible sin un contexto humano.

Para Wenger[1], pertenecer es indispensable para aprender, pero hay diferentes formas de pertenecer. La más clara es cuando pertenecemos por involucramiento: somos parte de un grupo porque interactuamos frecuentemente, porque hacemos cosas juntos a menudo. Es el compromiso personal actuando con otra gente y negociando significados. Claro que esta modalidad es necesariamente limitada porque la cantidad de actividades en la que me puedo involucrar no es infinita. Otras veces pertenecemos por imaginación: sentimos que somos parte de un grupo del cual, en rigor, conocemos solo a unos pocos. Se trata de una pertenencia *imaginaria* no en el sentido de "fantasiosa", sino porque se basa en imágenes. Don Quijote se consideraba a sí mismo un caballero y se comportaba como tal. Alguien que se considere un académico hará y dejará de hacer ciertas cosas en función de lo que imagina que se espera de alguien de esa categoría profesional. Por último, la pertenencia por alineamiento remite al vínculo: nuestras actividades están coordinadas con las de otros para ser más efectivas en el marco de un proceso. El alineamiento se relaciona con coordinar la energía y las actividades en marcos más amplios para permitir empresas mayores. Es acción socialmente organizada y permite coordinar perspectivas y actividades y generar productos materiales o simbólicos más amplios y más abarcadores,

---

1 Wenger, Étienne. *Comunidades de práctica: aprendizaje, significado e identidad.* Barcelona: Paidós, 2001.

ya sean artísticos, científicos o morales. El alineamiento puede implicar desde pequeños rituales, como la puntualidad, hasta los protocolos que sigue un equipo quirúrgico en una intervención compleja. Distintos rituales me permiten formar parte de una religión o una comunidad profesional cuyas prácticas comparto. Es importante notar que estas formas de pertenecer están involucradas en la construcción de una identidad: yo "soy" finalmente los grupos con los que interactúo, la imagen que construyo de mí mismo y mis alineamientos con ideas, procederes o formas determinadas de vida.

Así como la integración a un colectivo y el aprendizaje son procesos interrelacionados, de manera análoga el aprendizaje y la identidad se construyen mutuamente. El tránsito por el cual se adquieren las competencias técnicas para ser un albañil, un artista o un contador, conduce asimismo a la integración del sujeto a los colectivos correspondientes y su conversión –respectivamente– en un trabajador de la construcción, en un escultor o en un profesional de las ciencias económicas. El aprendiz asume progresivamente una identidad específica. Esta identidad desempeñará, a partir de entonces, un papel crucial en sus aprendizajes e integraciones posteriores: le marcará qué es importante y qué no, quién es confiable para los otros miembros de su colectivo y quién no, con quién compartirá lo que sabe y con quién no.

La identidad define un territorio y, en consecuencia, marca también una frontera que delimita saberes, colectivos e identidades tanto propios como *extranjeros*. Desde luego, el tránsito o la permeabilidad entre las zonas limítrofes no están dados exclusivamente por una especificidad disciplinaria o de práctica, sino también por una disposición –presente o ausente– de apertura o cerrazón del sujeto o de su colectivo de pertenencia. Cada comunidad define la frontera entre un "adentro" y un "afuera" que la separan y conectan con otras. Es en esos bordes donde la posibilidad de aprender nuevas cosas y de otra manera se hace posible.

Resulta interesante escuchar –por ejemplo– a los arquitectos y a los obreros de la construcción relatar esos encuentros de identidades, pertenencias y saberes. Las narraciones expresan cómo unos y otros se ven mutuamente; cómo esas miradas pulen, perfeccionan o modifican la identidad que las partes sienten encarnar; cómo los abordajes de cada colectivo clarifican la especificidad y las limitaciones de sus saberes, así como dónde pueden establecerse complementariedades y dónde se evidencian exclusiones; y dónde están las oportunidades de mutuo enriquecimiento de las comprensiones de sus prácticas específicas. De este modo, mediante la cooperación, la competencia, la rivalidad, la negociación, la comparación y demás, unos y otros refuerzan sus identidades profundizando y desarrollando saberes. Se clarifican sobre la práctica que, al tiempo que los convoca y nuclea, los distingue de otros.

Todos y cada uno de nosotros participamos, pertenecemos, somos miembros –más cercanos o más lejanos– de varias comunidades de práctica. Todos nuestros juicios sobre una o todas ellas están formulados siempre desde alguna comunidad, solo que no solemos ser muy conscientes desde cuál estamos hablando. En ese sentido cada comunidad es peculiar, pero las características definitorias básicas de todas ellas son las mismas. Cada comunidad habla sobre las otras y, a través del discurso, marca límites y diferencias configurando el "nosotros" y el "ellos". La identidad es una historia que nos contamos acerca de quiénes somos, que supone una selección y una reconstrucción de los sucesos y los rasgos que nos atribuimos. Por lo demás, como decíamos antes, es en los márgenes donde muchas veces se aprenden cosas nuevas. Y recordemos que "aprender" es "hacer"; hemos aprendido algo cuando podemos hacer lo que decimos.

El trabajo, el aprendizaje y la innovación son tres formas de actividad humana sumamente relacionadas, aunque con frecuencia se las piense y se las describa como tres actividades distintas y en conflicto. ¿De dónde surge esa idea? De abstraerlas de la práctica. Cuando hacemos eso, trabajar parece consistir en la repetición mecánica, sin variaciones, de una acción; creemos que aprender es una labor solitaria realizada en un lugar distinto al del trabajo; e imaginamos que innovar es un trabajo específico, asignado exclusivamente a cierta gente dotada de características excepcionales. ¿Recuerda el lector del Capítulo 1 a las esposas de Schön y Mintzberg y el *crafting* a través del cual exploraban, experimentaban, aprendían, corregían durante su hacer y modificaban sus proyectos? Ese fenómeno adaptativo no es exclusivo de la alfarería o la escultura; cada trabajo humano tiene sus propios desafíos adaptativos. Por eso es que decimos que no hay trabajos fáciles. Allí está la clave por la cual el trabajo, el aprendizaje y la innovación no pueden tratarse como fenómenos independientes ni trabajarse como espacios separados.

Se le atribuye al mítico Yogi Berra haber dicho que "la teoría en la práctica es diferente"; y, una vez más, tenía razón. La práctica suele ser muy diferente a cómo se la describe formalmente en las organizaciones. Las reglas, las descripciones de puesto y la capacitación por lo general presentan un concepto simplificado de la tarea, habitualmente escrito por alguien que no la conoce. En conse-

> *La identidad es una historia que nos contamos acerca de quiénes somos, lo que supone una selección y una reconstrucción de los sucesos y los rasgos que nos atribuimos.*

cuencia, lo que ocurre y se hace en verdad en esa posición queda oculto bajo el manto de lo que debe suceder en ella. Este enfoque, que intenta describir la práctica desde un reglamento, comporta una distorsión notable, ya que el trabajo real suma a las tareas formalmente establecidas una serie de quehaceres solo conocidos por quienes deben llevarlos a cabo. Aunque en los esquemas organizativos clásicos solo ciertas áreas reciben autorización para buscar conocimiento nuevo, mientras que las demás deben sujetarse a sus rutinas, cada puesto de trabajo suele ser –para bien o para mal– un lugar de ensayo, prueba, aprendizaje e innovación.

Si entendemos la organización como un ámbito de interacciones humanas donde se crean condiciones más o menos aptas para emprender proyectos comunes, necesitamos un management acorde con esa comprensión. Aunque resulte duro e inquietante para algunas personas, es necesario aceptar que existen procesos que no pueden controlarse o monitorearse de manera directa, y que son indispensables para el desarrollo de la organización y sus integrantes. Debemos comprender que esos procesos pueden nutrirse, guiarse, orientarse, pero no conducirse. Todos los miembros de la organización tienen un conocimiento limitado de lo que allí ocurre, incluida la alta gerencia. Porque el management es también una comunidad de práctica, que corre con las ventajas de su especialización en la función y que, al mismo tiempo, padece las limitaciones de perspectiva al igual que el resto de las comunidades con las que interactúa.

> *Hay procesos que no pueden controlarse o monitorearse de manera directa, y que son indispensables para el desarrollo de la organización y de las personas. Debemos comprender que esos procesos pueden nutrirse, guiarse, orientarse, pero no conducirse.*

Comunidades de práctica

Ya hemos utilizado algunas veces la expresión "comunidad de práctica". Es hora de profundizar un poco en este concepto. Aunque se suele hablar del "individuo y la organización", lo real es que nadie se relaciona con algo tan general y abstracto como "la organización". Cada uno de nosotros, sea el CEO o el peón de limpieza, se mueve en un círculo muy pequeño de personas afines con quienes comparte su vida en la organización. Están juntos a veces por designación, por compartir una tarea o un proyecto, por convivir en un espacio físico o por elección, pero cada uno es la persona a quien los demás esperan ver durante todo ese día y al día siguiente.

Esas comunidades, plagiando a Borges, pueden estar unidas por el amor o por el espanto, pero sostienen lazos perdurables, y el conflicto y la afinidad se entrelazan en la convivencia cotidiana. Esas agrupaciones son las piezas con que se construyen los sistemas sociales de aprendizaje. El management, en cualquiera de sus niveles, puede dar una directiva; por ejemplo, que hay que responder las consultas de los clientes dentro de las 48 horas de recibidas. Sin embargo, la "bajada", la operacionalización, la práctica en que se concreta esa directiva y las competencias requeridas para hacerlo, dependerá mucho del grupo al que se le haya encomendado la tarea. Es en la ejecución misma donde la tarea termina de conformarse, y su forma final y observable no necesariamente resultará de una decisión explícita del grupo sino más bien de la interacción cotidiana.

Las comunidades de práctica fueron descritas por Jean Lave y Étienne Wenger[2], quienes recogieron fenómenos y dinámicas que eran conocidas, pero a las que les dieron

---

2   Lave, Jean y Wenger, Étienne. *Situated Learning. Legitimate Peripheral Participation.* Cambridge: Cambridge University Press, 1991.

una nueva lectura y las reinterpretaron en una teoría coherente sobre cómo aprendemos los humanos. Su aporte fue clave para que el aprendizaje dejara de verse como una acción exclusivamente intelectual y solitaria para ser entendido como una práctica social de integración y participación. Aprender, participar e integrarse son un mismo proceso social.

Seguiremos aquí el libro de Wenger[3] y los aportes de Brown y Duguid[4]. Dado que debemos detenernos en cuál es el contexto inmediato en que los individuos aprenden (esto es, el espacio concreto de interacción con otros), es preciso reparar en cuáles son sus prácticas cotidianas y las redes de relaciones con las que conviven en su ejercicio. Por lo general, los miembros de la organización se vinculan con relativamente pocas personas. Se trata de gente afín, cercana, con la que ese individuo conforma grupos, banditas, "parroquias" o como queramos llamarlos. Son aquellos pocos a los que el sujeto tiene en mente cuando piensa en "la organización". Esto funciona así para todos sus integrantes. En ocasiones, esos agrupamientos pueden coincidir total o parcialmente con el organigrama, e incluir también a otros miembros con quienes se suele hacer cosas juntos, aunque sea charlar en la fotocopiadora o tomar algo a la salida del trabajo.

En segundo lugar, como señalan Brown y Duguid, todos tenemos un modo propio de hacer lo que hay que hacer, de desempeñar nuestras posiciones, que es aceptado por la organización, aun cuando esa manera personal no cumpla estrictamente con las pautas "canónicas" como –por ejemplo– las que se establecen en las descripciones de puestos. Nuestras

---

3 Wenger, Étienne. *Comunidades de práctica: aprendizaje, significado e identidad*. Barcelona: Paidós, 2001.

4 Brown, John Seely y Duguid, Paul. "Organizational Learning and Communities-of-Practice: Toward a Unified View of Working, Learning, and Innovation". *Organization Science*, 2, N° 1, Special Issue: *Organizational Learning: Papers in Honor of (and by) James G. March* (1991), pp. 40-57.

prácticas y los grupos de personas con las que nos juntamos, a las que recurrimos y que recurren a nosotros, definen nuestras comunidades de práctica.

Desde luego, las organizaciones tienen normas, organigramas, reglamentos, pautas, directivas: las personas no hacen lo que se les antoja en sus puestos de trabajo. No obstante, los márgenes de libertad son mayores de lo que suele creerse: de hecho, el trabajo a reglamento, como acción sindical de protesta, es una forma muy efectiva de bloquear o entorpecer el funcionamiento de la organización. Es necesario reconocer y poner en valor esos espacios donde la práctica se permite cierta discrecionalidad. Estas "formas folclóricas de trabajo", si bien a veces son fuente de problemas, en otras se convierten en la ocasión de explorar e introducir innovaciones indispensables. En todo caso, para bien o para mal, existen siempre.

Nuestras prácticas y los grupos de personas con las que nos juntamos, a las que recurrimos y que recurren a nosotros, definen nuestras comunidades de práctica.

Es habitual comprobar que la alta dirección, las gerencias, las jefaturas y las supervisiones tienen una visión del trabajo de su gente más bien canónica, anclada en las definiciones formales de las tareas más que en la práctica efectivamente observable. ¿Por qué? Porque generalmente no conocen el trabajo que hacen las personas que a ellos reportan. Y a la creencia de que esas tareas responden a la correspondiente descripción del puesto, se agrega normalmente otra: "Los trabajos de los demás son fáciles; ninguno es tan complejo como el mío". Desde luego, no es cierto: cada tarea presenta su complejidad.

El desempeño de cada posición demanda a quien la ocupa que –a través de la práctica mejor o peor pero coordinada siempre con los demás– construya una forma propia de hacer las cosas, la cual condiciona y define la manera de apren-

149

der, integrarse e identificarse con su comunidad de práctica. Dicha forma propia de hacer las cosas suele tener elementos que para algunos son buenos y para otros no tanto. El problema aparece, sobre todo, cuando se vuelve preciso cambiar la manera idiosincrásica de desempeñar la tarea, esto es, cuando es necesario alterar el delicado equilibrio o balance que el grupo había logrado entre lo que los demás –autoridades, usuarios o clientes internos– necesitan, por una parte, y lo que esa comunidad de práctica puede hacer, por otra.

¿A qué atribuir la renuencia a cambiar, por más disfuncional que resulte lo que el grupo está haciendo? Suele hablarse de "resistencia al cambio", expresión que –en nuestra visión– sugiere más una acusación que una definición. Lo cierto es que a veces es difícil reconocer que lo que es funcional en un contexto puede ser un problema en otros, y, por lo tanto, se vuelve imposible ensayar un abordaje en pos de solucionarlo. Desanudar esta dificultad exige revisar cómo aprendemos.

El aprendizaje como proceso social

Resulta corriente manejar lo que se ha llamado una "teoría vacunatoria del aprendizaje"[5]: alguien viene y nos "inocula" un saber. Esta visión no tiene en cuenta que quien aprende no es objeto pasivo del proceso, sino un sujeto activo, que tiene experiencias, sentimientos y preferencias. Es una persona que está en la vida con otra gente y sus maneras de hacer las cosas. Aprender nunca es un fenómeno pasivo, y nunca es totalmente individual.

¿Cómo aprende la gente? Con otros. Aunque creamos que el aprendizaje es un hecho individual, todos aprende-

---

5 No puedo decir con certeza a quién he oído mencionar esta comparación de la educación con una vacuna; es muy posible que haya sido a mi profesora de la carrera de Ciencias de la Educación en la UBA, Élida de Gueventter (1929-2003). En todo caso, vaya aquí mi pequeño homenaje a una buena docente.

mos con un grupo, que está allí afuera o al que conocemos o hemos conocido mucho y llevamos con nosotros, internalizado. Aprender algo nuevo es construir una nueva relación con algún otro[6]. Al ingresar a una organización, nuestro primer movimiento tiende a tratar de alinear lo que sabemos hacer con lo que el grupo al que nos estamos incorporando hace. De este modo, buscamos comunicar desde la práctica que somos parecidos, que tenemos algo en común. Y también, tratamos de aportar la experiencia que traemos adquirida en otro contexto. De este modo, se inicia un diálogo que apunta a modificar la forma en que la comunidad receptora define las competencias necesarias para pertenecer. El aprendizaje es también un diálogo entre la competencia social y la experiencia individual. La conversión de los conocimientos tácitos del grupo receptor en conocimientos explícitos, así como su internalización, es un proceso social que se desarrolla entre individuos, más que en los individuos[7]. Como explicamos en el

> *Aprender algo nuevo es construir una nueva relación con algún otro. Es participar, pertenecer, construir significado. Construimos el saber de manera colectiva y solo podemos cambiarlo con los demás. Aprender y modificar lo que sabemos son siempre procesos sociales.*

---

6   La noción de aprendizaje colectivo tuvo una evolución accidentada y es probable que haya aparecido en forma clara solamente en Weick (1979, 1993) y, con el concepto de comunidad de práctica, en Lave y Wenger (1991). Alguna vez Weick comentó irónicamente que la "revolución cognitiva" se dio "de a un solo cerebro por vez", es decir, tardó mucho en comenzar a tratarse como un fenómeno colectivo.

7   Nonaka, Ikujiro; Toyama, Ryoko, y Byosiere, Philippe. "A Theory of Organizational Knowledge Creation: Understanding the Dynamic Process of Creating Knowledge". En *Handbook of Organizational Learning and Knowledge*, por Meinolf Dierkes, Ariane Berthoin Antal, John Child and Ikujiro Nonaka, 487-513. Oxford: Oxford University Press, 2001.

Capítulo 4, el conocimiento se crea en las interacciones de individuos que traen consigo diferentes saberes. Es en esa interacción que el aprendizaje y la identidad se construyen y retroalimentan.

Un novato que se incorpora a una comunidad de práctica, al principio anda por "sus bordes", por los límites de aquello que la define. Lave y Wenger (*op. cit.*) llaman a este proceso "participación legítima periférica". Así, la construcción de conocimiento, la comunicación y el involucramiento en una comunidad determinada son parte de un mismo proceso social[8]. Tanto él como los miembros de la comunidad a la que busca integrarse van conociéndose mientras el nuevo va aprendiendo. Aprender y participar son parte del mismo proceso social. Aprender no es "absorber" ideas o dejarse inocular con ellas. Es participar, pertenecer y construir significado. Así aprendimos lo que hoy sabemos y, aunque no podamos decirlo porque no fue consciente, dado que construimos ese saber de manera colectiva, solo podremos cambiarlo con los demás: aprender y modificar lo que sabemos son siempre procesos sociales.

Cuando se establece la necesidad de cambiar las rutinas de la tarea cotidiana, las nuevas prácticas suelen enseñarse en un aula o en reuniones de trabajo. Sin embargo, con frecuencia, lo que se supone aprendido en esos espacios "se pierde" o "se traspapela" y no llega al lugar de trabajo. El fenómeno es más que llamativo, sobre todo si se considera que esa educación en el ámbito de la organización tiene en todos los casos un propósito central: modificar la práctica.

Si —como hemos señalado— siempre se aprende con los demás, cambiar lo que aprendimos juntos requiere también de otros. Debe haber "otros" involucrados, aunque no sean los mismos con los que lo aprendimos. Nadie puede aprender solo; nadie puede transformar la realidad solo, toda co-

---

8 Wenger, Etienne: op. cit.

munidad de práctica es una pequeña "conspiración" para hacer las cosas: la red de acuerdos explícitos y tácitos que la definen debe involucrarse para hacer posible un cambio. A veces esos otros no están con nosotros, pero los llevamos dentro. Nuestro pensar tiene mucho de diálogo con esos ausentes. Necesitamos a los demás. A veces, para aprender juntos. En ocasiones, para aprender cómo se hace algo en un contexto determinado, para coordinar conductas, para construir acuerdos y para entender la nueva situación. Suele ocurrir que aspectos que a uno le parecen parte de su ADN, inamovibles, comienzan a tomar nuevas formas, adquirir otra flexibilidad y enriquecerse con nuevos elementos cuando se comienza a convivir con otros grupos. Solo en la interacción con los demás se puede cambiar lo que socialmente se aprendió.

> *Toda comunidad de práctica es una pequeña "conspiración" para hacer las cosas: la red de acuerdos explícitos y tácitos que la definen debe involucrarse para hacer posible el cambio: nadie puede aprender solo; nadie puede transformar la realidad solo.*

Una comunidad de práctica es un conjunto de personas unidas de manera informal por experiencias, pericias compartidas y una tarea en común en la que ponen en juego sus sentimientos. Para saber qué hay que hacer en un determinado puesto, debe observarse cómo procede esa "pequeña conspiración" y las "prácticas no canónicas" que ha adoptado y transmite a través de narraciones e historias informales (que, obviamente, nunca serán recogidas por descripción de puesto alguna). De ese modo, la comunidad de práctica define simultáneamente su integración, su pertenencia y sus competencias.

A través de la acción, los miembros de la comunidad construyen pertenencia, crean sentido, cuentan historias, chismosean. Inventan seres imaginarios, como "el público", "la gente", "el mercado" y demás, que no refieren a nadie en particular, pero que constituyen un interlocutor de las prácticas en la mente de la comunidad que las lleva adelante. La comunidad "decreta" qué está bien y qué está mal. Permite la participación, impulsa la integración. Enseña, fija fronteras e incumbencias. Construye saber y aprende. Saber es un acto de pertenencia.

Todo esto pone de manifiesto que la organización es un hecho político con componentes técnicos. No al revés. Dirigir una organización implica la construcción y la articulación de una constelación de comunidades de práctica, cada una con su visión y su perspectiva del conjunto siempre parciales y distorsionadas. Construir el conocimiento organizativo es trabajar sobre los vínculos y las relaciones dentro de cada comunidad y entre ellas. Se trata de comprender cómo funcionan esas "islas mal unidas", cuáles son las redes que han tejido entre ellas y, desde el management, alentar el enriquecimiento constante del entramado que conforman.

> *La organización es un hecho político con componentes técnicos. No al revés. Construir el conocimiento organizativo es trabajar sobre los vínculos y las relaciones dentro de cada comunidad y entre ellas.*

Aprendizaje organizacional: individuo y grupo

Si la unidad de análisis de la organización no son los individuos que la componen, más importante que conocer sus cualidades personales es identificar el vínculo que cada uno tiene con los demás, ya que las conductas de los sujetos se organizan en función de cómo se conducen (o esperan que se conduzcan) los otros con lo que uno hace. En suma, la unidad de análisis son las conductas interconectadas (*interlocked behavior*), como señalara Weick[9].

Ya Solomon Asch[10] había planteado que, en la organización, los individuos subordinan sus conductas a las representaciones que tienen de lo que harán los demás con el fruto de su trabajo. Sobre esta base, Weick y Roberts[11] desarrollaron la noción de "mente colectiva" para referirse al grado de ajuste entre esas conductas (*cfr.* Capítulo 3). Recordemos que la mente colectiva no es un objeto sino un dato observable que nos informa la mayor o menor capacidad de los integrantes de la organización para anticipar las respuestas de los demás y ajustar recíprocamente las contribuciones de todos.

La gente construye conocimiento a través de la interconexión de las conductas: aprender e integrarse, construir conocimiento, comunicarse e involucrarse en una comunidad determinada son aspectos de un mismo proceso social. Una persona recién incorporada a la organización buscará identificar las competencias que le permitirán pertenecer a ese grupo y agregar su experiencia anterior. Saber no es solo una cuestión intelectual: implica desplegar aprendizajes que fueron definidos en comunidades sociales. Desde esta perspectiva, las comunidades de práctica son sitios privilegiados para identificar problemas, aprender

> **La gente construye conocimiento a través de la interconexión de las conductas: aprender e integrarse, construir conocimiento, comunicarse e involucrarse en una comunidad determinada son aspectos de un mismo proceso social.**

---

9   Weick, Karl E. *The Social Psychology of Organizing.* Nueva York: Random House, 1979.

10   Asch, Solomon. *Social Psychology.* Englewood Cliffs: Prentice Hall, 1952.

11   Weick, Karl E. y Roberts, Karlene H. "Colective Minds in Organizations: Heedful Interrelating on Flight Decks". *Administrative Science Quarterly* 38, N° 3 (septiembre de 1993), pp. 357-381.

y producir conocimiento. Allí no encontramos un conocimiento desarrollado en abstracto, sino asumido por quienes lo usan y se benefician de las soluciones que les provee.

En suma, como explica Wenger, las comunidades de práctica se construyen a partir de un entendimiento suficiente de esa práctica como para poder hacer contribuciones a ella. Suponen un sentido de mutua confiabilidad y de mutua responsabilidad, así como un cierto repertorio compartido de lenguajes, rutinas, sensibilidades, objetos y palabras, al que todos sus integrantes tienen acceso y que saben usar con propiedad.

Redes de práctica

Las comunidades de práctica abren continuamente posibilidades de aprendizaje en las interacciones internas y a través de sus fronteras con otras comunidades. Sin embargo, la circulación del conocimiento no es siempre demasiado predecible. Como señalan Brown y Duguid (*op. cit.*), a veces el conocimiento parece "líquido" (*leaky*) y se filtra allí donde no debería, mientras que, en otros casos, se vuelve "pegajoso" (*sticky*), porque se fija donde uno no quería en vez de circular y difundirse. Al respecto, el concepto de comunidad de práctica puede servir para explicar esa circulación siempre que se atienda a las nociones de comunidad y de práctica. Esta última aclaración es importante, ya que la atracción de la palabra "comunidad" es tan grande que muchas veces hace que nos olvidemos del valor de la práctica.

Hace años, trabajé junto a Alejandro Artopoulos en el caso de una empresa de ingeniería que se encontraba en una fuerte expansión[12]. Frente a pedidos de obras en los

---

12 El caso "Tecna", nombre de la empresa, puede consultarse en Gore, Ernesto: *El próximo management. Acción, práctica y aprendizaje,* Buenos Aires: Granica, 2012.

lugares más insólitos del planeta, debían armarse constantemente grupos de trabajo *ad hoc*. Al frente de cada uno solía estar un ingeniero o un joven estudiante de ingeniería. Los directores de la consultora eran ex profesores de la Facultad de Ingeniería; conocían a los mejores profesionales del país, muchos de ellos ya retirados, y sabían de su experiencia laboral. Los grupos de trabajo que solicitaba la firma cliente se conformaban con ingenieros que no se conocían entre sí o que habían trabajado juntos poco tiempo hacía muchos años. En consecuencia, los equipos reunían una gran diversidad de experiencias, estatus y edades, con capacidad para generar respuestas de alta calidad. Si la gente apenas se conocía entre sí, ¿esos grupos integraban comunidades de práctica como las caracterizadas por Wenger?

El elemento común que unía a esa gente y les permitía trabajar juntos era el tipo de práctica compartida, la cual pautaba no solo qué hacer sino también las relaciones de respeto recíproco para discutir y construir acuerdos. Por eso, Brown y Duguid sostienen que el conocimiento circula por la práctica. Si bien la circulación se vale en gran medida de la verbalización, es más importante aun tener una práctica compartida. Las palabras tienen sentido y se hacen comprensibles cuando hay una práctica compartida[13]. Si sabemos manejar un auto, eso nos servirá para manejar un camión, aun cuando necesitaremos alguna capacitación adicional. Tales explicaciones resultarán útiles y cobrarán sentido debido a nuestra práctica anterior; en cambio, para alguien que no tuviera

---

13 Viene a mi memoria un ejemplo curioso de "redes de práctica". Hace un par de años fui al Teatro San Martín a ver una obra impresionante de Lola Arias que se llamaba Campo Minado. En ella, veteranos argentinos e ingleses de la guerra en Malvinas de 1982 dramatizaban sobre su experiencia bélica. Ni los argentinos hablaban inglés ni los ingleses el castellano, pero se entendían. Lo podían hacer porque los unía una fuerte práctica común: la de la guerra. Aunque fuera luchando unos contra otros.

ninguna clase de conocimiento sobre conducir, las mismas instrucciones no le servirían en modo alguno.

Entender las "recetas" no es para cualquiera: es preciso compartir una práctica. Llevado esto al plano organizativo, entender dónde el conocimiento fluye y dónde se estanca requiere observar dónde y por qué las prácticas son comunes, y dónde y por qué no lo son. Entre individuos que no se conocen o que no interactúan en forma directa (como los ingenieros convocados por la consultora) la práctica común permite a veces el flujo de conocimiento y la acción conjunta. Son lo que Brown y Duguid llaman "redes de práctica".

Donde la práctica común esté ausente, el conocimiento tal vez pase de un área o una organización a otra convertido en simple material inerte, susceptible de ser repetido en palabras, pero olvidable con facilidad y difícilmente puesto en acción. El conocimiento es "líquido" cuando circula a través de las redes construidas por la práctica dentro de una organización o entre organizaciones. Donde la práctica no prepara el terreno, rara vez el conocimiento fluye, ni tácita ni explícitamente.

El conocimiento construido por una comunidad de práctica circula muy bien dentro de ella y de manera muy limitada más allá de sus fronteras. Es un conocimiento "parroquial", en tanto tiende a convertir en verdades absolutas lo que en realidad es un efecto de su propia perspectiva. Para cruzar las fronteras con otras comunidades, es preciso crear el conocimiento necesario con ese fin. Cuando una comunidad de práctica se abre a la interacción con miembros de otras comunidades de la organización, amplía su capital social y, por tanto, su capacidad de hacer. Huelga señalar que las comunidades que tienden a establecer vínculos fluidos con otras, multiplican sus posibilidades de aprender e, incluso, de generar prácticas innovadoras.

Cabe agregar que, en ocasiones, los nuevos miembros de una comunidad de práctica pueden funcionar como catalizadores de nuevas exploraciones intra e inter comunidades. Con frecuencia, "el nuevo" se pregunta lo que la comunidad a la cual se está integrando ya no se cuestiona, sea porque la respuesta elaborada oportunamente se institucionalizó de tal manera que es tomada por una verdad evidente (es decir, que no requiere ya de demostración), sea porque la mirada del nuevo, todavía no plenamente alineada con la de la comunidad, se elabora más desde las coordenadas de sus experiencias y saberes previos (una suerte de inocencia, como la del niño que en el cuento de Andersen revela que el rey está desnudo)[14].

La interacción con otras comunidades desafía la permeabilidad de sus fronteras, la cual depende no solo de la cultura de la organización y de la subcultura de cada comunidad. Puede verse promovida o desalentada, además, por dispositivos formales o informales (por ejemplo, sistemas de comunicación interna que solo permiten los mensajes verticales o espacios físicos que habilitan la interacción espontánea entre personas de diferentes sectores). En todos los casos, conviene rescatar el papel clave que suelen desempeñar aquellos individuos que establecen en los hechos esas conexiones tan importantes para la producción de conocimiento organizacional. Su rol suele ser en muchos casos absolutamente informal y hasta casual, y en otros, producto de un cuidadoso diseño organizacional. En cual-

> *La interacción con otras comunidades desafía la permeabilidad de sus fronteras, la cual depende no solo de la cultura de la organización y de la subcultura de cada comunidad. Puede verse promovida o desalentada, además, por dispositivos formales o informales.*

---

14 Esto podría conectarse también con lo que explicamos en el Capítulo 2 sobre las organizaciones de alta confiabilidad (HRO) y su autoexigencia de no trivializar los problemas.

quier caso, actúan como "corredores" o "agentes" (en inglés, *brokers*), que ayudan a tender puentes entre comunidades o redes de práctica, creando oportunidades de aprendizaje e innovación.

A propósito, conviene recordar que, en el management de nuestra época, conectar las diversas comunidades de práctica es una función central. El desafío es facilitar que las "comunidades-islas" sepan qué hacen las otras, cómo lo realizan y cuáles son las tensiones que esa tarea genera. En síntesis, la misión esencial del management es contribuir a que las comunidades comprendan el sentido de sus propias tareas y las prácticas de las otras. Esto explica quizás por qué los profesionales de la capacitación experimentados saben que el diálogo efectivo entre distintas áreas resulta habitualmente más importante que el tema que se esté enseñando, y que las rotaciones de un día en otro sector de la empresa pueden permitir aprender mucho más que los cursos. Es crítico que quien tenga responsabilidades de liderazgo sea consciente de que la organización tiene una realidad más compleja y más variada que la que pueda llegar a conocerse de antemano.

¿Fluido o estancado?

Las comunidades y redes de práctica no son ni buenas ni desventajosas por naturaleza: todo juicio sobre una comunidad de práctica es hecho por alguien que está en una de ellas, por lo que cualquier juicio debe ser considerado en función de quien lo enuncie. Todas ellas son espacios grupales de construcción de significado, conocimiento e identidad, y su visión parroquial y sesgada dice tanto sobre la comunidad a la que se refiere como de la suya propia.

Las comunidades de práctica son sitios privilegiados para identificar problemas, aprender y producir conocimiento, no solo desde la especialidad técnica o disciplinaria de sus integrantes sino también desde la expectativa de beneficiar la práctica del conjunto con las soluciones que la comunidad elabore. El producto de la labor llevada adelante por la comunidad como un todo suele superar la suma de sus aportes parciales y de los especialistas que integran las comunidades y participan de redes de práctica tendidas más allá de las fronteras de la organización donde trabajan.

Las comunidades de práctica son sitios privilegiados para identificar problemas, aprender y producir conocimiento. Su conocimiento no fue desarrollado en abstracto, sino por quienes lo usan y se benefician de las soluciones les provee.

Aunque la doble pertenencia (comunidad y red) de los individuos desafía el manejo de un necesario equilibrio en materia de lealtades, las redes de práctica constituyen una vía regia de circulación de conocimiento, no tanto porque se lo organice o modele como conocimiento explícito, sino porque se lo circula en el marco de una práctica compartida que permite que las palabras cobren sentido. Sin práctica compartida, el conocimiento queda a un paso de convertirse en materia inerte. No fluye. Se pega. Se estanca.

Las organizaciones se fortalecen con la creación de comunidades de práctica y con la construcción de vínculos entre ellas. Para el management, esto equivale a una exigencia de instituir en su interior "provincias" y, simultáneamente, conducirse como un gobierno federal crecientemente efectivo a la hora de articularlas en pos de un interés común superior. La organización necesita de ambos para que, mientras que las comunidades elaboran las competencias que las mantienen vivas, el conjunto sea contenido por una dirección capaz de timonear la tensión entre rutina e innovación.

Las comunidades de práctica solo tienen sentido en la medida en que construyan vínculos con otras comunidades y compartan con ellas significados, conocimientos e identidad. Si bien esto es una obviedad, es habitual que las comunidades se identifiquen a sí mismas como el verdadero "secreto del éxito" de la organización. ¿Se mienten, nos mienten, cuando afirman eso? No. En el Capítulo 4 explicamos que las opiniones (como esa) son juicios verdaderos en el exclusivo sentido en que describen adecuadamente el punto de vista de quien o quienes las sostienen. Más allá de los rasgos personales de los que opinan (más modestos, más orgullosos, más exagerados, más ecuánimes y así), el protagonismo que suele atribuirse a la propia comunidad de práctica se debe al carácter inevitablemente parcial de su mirada, condicionada por la perspectiva que le impone su posición dentro de la organización. Esta visión parroquial o provinciana es ineludible: siempre observamos el mundo desde nuestra "patria". Como ya señalamos, esto cabe al área de mantenimiento y también a la alta dirección.

No obstante, es preciso reconocer que el management tiene entre manos un desafío singular: promover las islas (comunidades de práctica) y asegurarse de que no se aíslen (o sea, que obedezcan orgánicamente al conjunto de comunidades en que se inscriben y donde sus existencias tienen sentido). Este desafío se replica allí donde haya un *broker* buscando articular comunidades o redes entendiendo qué es lo que los otros hacen, cómo lo hacen y qué tensiones se generan en esa tarea. La calidad de *broker* no debe entenderse como el atributo de una posición (jefe, supervisor, gerente, director…) sino como el producto de una manera

> *La calidad de **broker** no debe entenderse como el atributo de una posición (jefe, supervisor, gerente, director…) sino como el producto de una manera de llevar adelante la práctica.*

de llevar adelante la práctica. Ayudar a tender puentes es una forma de construir conocimiento organizacional. Este es uno de los principales aprendizajes que está haciendo el management en nuestro siglo.

Es preciso dar entidad a los problemas de comprensión de la situación que aparecen entre diferentes áreas. La idea de negociación entre comunidades es una de las diferencias más importantes con la coordinación organizacional tradicional porque no existe organización internamente homogénea. La práctica, en sí misma, guía las divisiones internas y las conexiones externas donde el conocimiento tiende a fijarse o a fluir.

El enfoque tradicional usa el control para coordinar las acciones de los miembros de la organización, tratando de evitar que las áreas introduzcan en los conocimientos cambios eventualmente disruptivos durante la circulación. ¿Y la innovación? En el esquema tradicional, solo ciertas áreas reciben autorización para buscar conocimiento nuevo, mientras que las demás deben fijarse a sus rutinas. Por suerte, eso casi nunca sucede y el lugar de trabajo suele ser, para bien o para mal, un lugar de innovación. Los mayores logros en la generación de conocimiento suelen provenir de crear puentes entre fronteras, ligando diferentes redes y comunidades de práctica, internas y externas. Claro que la coordinación de una empresa alrededor del conocimiento y de la práctica es muy diferente que coordinar rutinas convencionales. Ese es precisamente el desafío.

CAPÍTULO 8

Management y capacitación, catalizadores de la ambidiestría

Como explicamos en el capítulo anterior, trabajo, aprendizaje e innovación suelen ser pensados como actividades en conflicto, lo cual ocurre inevitablemente cuando se las disocia de la práctica[1]. Sin embargo, todo lo que hemos expuesto hasta aquí converge en una afirmación central: la práctica es el lugar privilegiado no solo del trabajo sino también del aprendizaje. Cuando nos acercamos a una organización, si quisiéramos detectar qué conocimientos domina a fin de elaborar un diagnóstico, tendríamos que llevar a cabo una cuidadosa observación de cómo trabaja la gente, más allá de lo que afirmen sus responsables, las descripciones de puestos, los organigramas y demás[2].

En el Capítulo 5 también enfatizamos el carácter de construcción social que distingue al aprendizaje. No existe algo

---

1 Seely Brown, John y Duguid, Paul. "Organizational Learning and Communities-of-Practice: Toward a Unified View of Working, Learning, and Innovation". *Organization Science* 2, Nº 1, Special Issue: *Organizational Learning: Papers in Honor of (and by) James G. March* (1991), pp. 40-57.

2 Orr, Julian. *Talking About Machines: an Ethnography of Modern Job.* Ithaca: IRL Press, 1996.

así como incorporar individualmente los modos de llevar adelante una práctica. Aprender implica, asimismo, integrarse a una comunidad de práctica y construir con ella la propia identidad. Es parte de un aprendizaje efectivo entender qué harán los demás con lo que uno haga.

Trabajar implica no solamente realizar mecánicamente lo que se debe hacer. Para hacer lo que se espera de uno es necesario también estar abiertos para entender los cambios en el ambiente, sorprenderse con la mirada espontánea de los novatos que nos llevan a repreguntarnos eventualmente incluso aquello que tiene ya una respuesta institucionalizada, tender y aprovechar los puentes establecidos con otras comunidades de práctica, y legitimar la improvisación de respuestas creativas a problemas que no fueron previstos o eran imprevisibles. Todas estas son prácticas que pueden ofrecer oportunidades de innovación, aunque no son sus únicos disparadores. Lo imprevisto, los cambios tecnológicos que deben incorporarse y los errores frecuentes que precisan enmienda o que abren posibilidades muy difíciles de prever, entre otros, son también acicates y oportunidades para hacer algo distinto a lo que se venía realizando. Esto significa que no solamente se innova en el área específica de investigación y desarrollo, ya que es imposible producir siempre lo mismo sin hacer algo distinto en contextos cambiantes. Trabajo, aprendizaje e innovación son procesos inseparables.

Una obviedad poco obvia

¿Qué rol cabe a la capacitación en esa dinámica entre trabajo, aprendizaje e innovación? Para quienes estamos convencidos de que la educación en general es siempre una puerta de acceso a oportunidades, tenemos la obligación de preguntarnos con qué propósito desarrollamos la capacitación en las organizaciones, qué particularidades adquiere la educación como capacitación, qué valor esperamos que agregue a la misión organizacional, cómo seleccionamos sus objetivos y la ocasión para realizarla, y cómo la instrumentamos.

Para comenzar, es preciso recordar que existe una diferencia central entre la enseñanza escolar y la capacitación en el trabajo. La primera forma al individuo para un ambiente genéricamente concebido; este carácter genérico hace que el currículo intente orientarse hacia la formación de habilidades para "el trabajo" (concepto bajo el cual se piensa a la oficina, el almacén, la fábrica de tomógrafos, el consultorio odontológico, el servicio de mensajería, la planta automotriz o cualquier otro espacio laboral) o "la vida" (incluyendo desde la apreciación artística hasta la administración del hogar, el vínculo con los mayores o el cuidado del jardín o las mascotas). Desde luego, esa formación es muy valiosa y fundamental, porque brinda herramientas que nos permiten acceder e integrarnos a la vida en sociedad. Pero la capacitación en el trabajo es otra cosa: es una intervención que busca modificar prácticas que conectan las conductas de dos o más individuos y que se encuentran vigentes en una organización particular.

> *La capacitación es una intervención que busca modificar prácticas que conectan las conductas de dos o más individuos y que se encuentran vigentes en una organización particular.*

Aunque la diferencia, una vez señalada, parezca una obviedad, es bastante frecuente que la capacitación esté pensada más como una "actividad de aula", que tiene por destinatario a un individuo, quien verá (en otro lugar y en otro momento) si ese saber podría instrumentarse –y cómo– una vez que vuelva a su posición en su comunidad de práctica. Este enfoque de la capacitación en el trabajo deja de lado el contexto organizacional, así como la dimensión social de la práctica y el aprendizaje. Cabe agregar que el hecho de que el aula deje de ser real y se convierta en virtual a través de herramientas a distancia no cambia su carácter esencial de espacio disociado de la práctica.

Instalar o cambiar prácticas en el trabajo (objetivo ineludible de la capacitación) exige construir nuevas habilidades y modificar los contextos que mantienen y alimentan las prácticas existentes. La capacitación debe servir –entre otros propósitos– para alentar, promover, favorecer y brindar herramientas a fin de coordinar conductas, establecer o reformular protocolos y expectativas recíprocas, configurar o reconfigurar vínculos entre comunidades de práctica, y fortalecer y multiplicar las redes. La agenda de capacitación se enriquece mucho cuando, más que plantear "temas" para trabajar, impulsa la exploración de nuevas formas de relación entre diferentes redes de práctica, es decir, cuando se ofrece como un espacio de cultivo de cambios a partir de la conexión de prácticas. O, dicho de otro modo, cuando se convierte en un espacio de innovación donde los contenidos no son solo un insumo de la capacitación sino también su producto.

Toda demanda de un programa de capacitación en el trabajo implica atender una demanda organizacional de cambio que es siempre compleja. ¿Por qué? Porque si fuera sencilla, bastaría con que el management le indicara a la gente verbalmente o por memos qué tiene que hacer de una manera diferente. No se pide un programa de capacitación para modificar el nombre de la persona que firma las autorizaciones de compra: el cambio se comunica y ejecuta. Pero si la organización está buscando rediseñar o simplemente digitalizar el protocolo de compras, es posible que necesite mucho más que reescribir un memo: seguramente sea preciso volver a pensar el proceso, desde sus objetivos generales y específicos, y hasta quiénes deben ser los involucrados. Este último caso supone revisar las conductas interrelacionadas y los actores implicados, así como los hábitos e incentivos que las refuerzan: es decir, se requiere revisar las prácticas organizacionales.

Ahora bien, desde el planteo de "necesitamos un cambio" hasta "estamos dispuestos a hacerlo" es preciso transitar un camino para el cual las organizaciones no siempre están preparadas. Imaginemos una pyme familiar con una conducción muy personalista. Don Ricardo, el dueño –quien se ufana de conocer "todo", desde la fabricación y el empaquetado de sus productos, hasta las condiciones negociadas con el proveedor del café que se toma en las oficinas–, ha decidido que es hora de retirarse y de aprovechar ese proceso para profesionalizar el management. La organización fue informada de esta importante noticia, pero ninguno de sus miembros cree que Don Ricardo se retire, ni hoy ni nunca, para dedicarse a la lectura y el cultivo de orquídeas. En este escenario, ¿qué eficacia puede esperarse de un programa de capacitación en nuevas herramientas de gestión destinado a los mandos medios? Tal vez la capacitación resulte un "éxito escolar" (cada uno de los participantes pudo haber aprendido lo que se le enseñó, lo cual no es poco). Pero ¿con qué prácticas reales se entramarán esas herramientas nuevas, si "todos saben" que Don Ricardo seguirá teniendo la última palabra en todas las decisiones, sean estratégicas o de rutina? La experiencia profesional nos muestra que la inercia organizativa puede convertirse en el obstáculo más importante a la hora de lograr que la capacitación modifique sus prácticas.

169

Por lo demás, no pensemos que el ejemplo de la pyme describe un fenómeno muy distinto al que podría verificarse en una gran corporación. Por ejemplo, a veces se inicia un programa de entrenamiento porque un alto ejecutivo oyó hablar del tema en una reunión internacional y muchas otras empresas estaban llevando adelante programas similares. El área de Capacitación consigue rápidamente una consultora que pone en marcha un programa que moviliza a toda la organización. Es claro que la empresa está decidida, no se han ahorrado gastos. El programa es exitoso, la gente lo elogia. El ejecutivo muestra su poder y parece que todo cambiará después de semejante despliegue. El único problema es que, además del ejecutivo y el área de Capacitación, nadie más necesitaba este programa, y no está claro quién debe hacer qué de manera distinta a como lo hacía hasta ahora ni por qué se hacía lo que se hacía. Se ha hablado de generalidades, indudables y bien expresadas, de actitudes, que es bueno que sean revisadas; pero a los protagonistas de la capacitación no se les han planteado problemas concretos ni se los invitó a dialogar acerca de qué sucede y por qué, ni sobre cómo modificar aquello que se está haciendo mal. Es posible que, después de un programa así, muchas cosas cambien; pero sin el involucramiento de los protagonistas no cambiarán las prácticas. Por el contrario, se mantendrán inalteradas.

Pretender cambiar los hábitos colectivos a través de una capacitación que no altere el *statu quo* es una contradicción en sí misma.

Segmentación interna y capacitación

Sabemos que los aportes de las personas al funcionamiento de la organización son cualitativamente diferentes en relación con el tipo de valor que agregan al negocio y el nivel de desempeño que alcanzan al agregar dicho valor. Por ejemplo, en una casa de modas como, digamos, Chanel, sus diseñadores agregan más valor al negocio que quienes administran los sueldos de los trabajadores; en ambos casos se trata de labores calificadas, pero el diseño tiene una relación directa con el *core*. Pero, además, entre los diseñadores es posible también jerarquizar el valor que agregan: de hecho, el resurgimiento de la firma a partir de la década de 1980 se atribuye principalmente al aporte singular de Karl Lagerfeld, uno de sus diseñadores. En suma, clarificar la heterogeneidad del valor agregado es un elemento clave para posicionar la capacitación con respecto a su potencial contribución.

A fines del siglo pasado, cuando estaba en auge la discusión sobre tercerización de funciones y la internalización o la externalización del personal de las empresas, David Lepak y Scott Snell publicaron *The Human Resource Architecture: Towards a Theory of Human Capital Allocation and Development*[3]. Señalaban allí que el empleo interno tiene ventajas innegables, tales como la estabilidad, la posibilidad de predicción, coordinación y socialización, y los menores costos de transacción. A su vez, la externalización permite bajar costos fijos y administrativos, equilibrar requerimientos, y contar con más flexibilidad y mayor variedad de habilidades.

Es cierto también que ambos tipos de vinculación tienen costos asociados. Por una parte, la internalización aumenta la estabilidad del personal y sus costos de administración, restringiendo sus posibilidades de adaptación. Por otra, la externalización usada en demasía para alcanzar pequeños objetivos puede dificultar el desarrollo de habilidades centrales para el largo plazo. En la práctica, las organizaciones usan ambos tipos de contrato, aunque la bibliografía aparece dividida entre partidarios de uno o del otro. Para Lepak y Snell la cuestión no implica una opción cerrada, ya que suele haber distintas configuracio-

---

3 *Academy of Management Review* 24, N° 1 (1999), pp. 31-48.

nes en la arquitectura de una misma organización. Ellos identificaron cuatro "modos de empleo" diferentes: 1) desarrollo; 2) adquisición; 3) contrato; y 4) alianza. Cada uno de estos tipos de vinculación conlleva un "contrato psicológico" –como diría Denise Rousseau– particular[4].

Lepak y Snell consideraron dos características de la gente que definen su forma de relacionarse con la organización: su valor estratégico y su singularidad[5]. Estos atributos señalan cuán importante son sus aportes en la empresa común y en qué medida las personas tienen actitudes o conocimientos peculiares y especialmente adaptados a las necesidades organizativas. Sobre esta base, los autores construyen la matriz que presentamos en la Figura 12.

Figura 12. Tipos de vínculo según el valor estratégico aportado (sobre Lepak y Snell, *op. cit.*).

---

4 Rousseau, Denise M. *Psychological Contracts in Organizations. Understanding Written and Unwritten Agreements.* Thousand Oaks, CA: Sage, 1995.
5 Los autores usan la palabra inglesa *uniqueness,* que hemos traducido como "singularidad".

En el área 1 encontramos la gente peculiar que la organización necesita y que puede agregar valor significativo al negocio. Es razonable pensar que la empresa tenderá a retenerlos y a afrontar los costos de su desarrollo y actualización en tanto sus beneficios exceden esos costos. Es un tipo de vinculación centrado en la organización, donde ambas partes invierten ingentes esfuerzos para sostener una relación basada en el compromiso. Para la organización, se trata de gente clave, constitutiva de sus ventajas competitivas.

Las personas del área 2 son también valiosas para la organización, aunque están disponibles en el mercado de trabajo. En tanto sus habilidades son importantes, la empresa tiene incentivos para internalizarlas. Sin embargo, no son habilidades singulares o específicas para esa organización. De hecho, algunas organizaciones podrían dudar en invertir mucho en su desarrollo y formación pensando que nada asegura que se queden allí.

En ese caso, intentarían conseguir en el mercado gente ya formada. La vinculación no es tanto de compromiso como simbiótica: ambas partes se necesitan, pero no son indispensables. La organización podría prescindir de algunas de estas personas, mientras que estas podrían concentrarse más en su propio desarrollo que en la empresa. Seleccionar gente ya formada en el mercado puede permitir a las empresas hacer importantes ahorros en los costos que tendría darle esa formación.

Conviene observar que las áreas 1 y 2 se enfocan en el capital humano[6] internalizado en la organización, al tiempo que las áreas 3 y 4 comprenden personas que, técnicamente consideradas, pueden mantenerse como externas. El área 3, por ejemplo, se refiere a gente de valor estratégico genérico y limitado; la vinculación es principalmen-

---

6   Saberes, talentos, capacidades, información y demás recursos internos con
    que cada individuo cuenta.

te contractual y lo que las partes esperan es sencillamente el cumplimiento de lo acordado. Los contratados llevan a cabo actividades que, si bien son necesarias, están lejos de la experticia de la organización y pueden ser provistas por organizaciones especializadas disponibles en el mercado. Los servicios de comedor, limpieza, seguridad y mantenimiento de edificios pueden ser ejemplos de estos servicios. Por eso, es común que estas funciones estén externalizadas.

El área 4 se refiere a alianzas con proveedores que pueden facilitar personal con una formación singular e importante, pero que no se relaciona directamente con beneficios para los clientes o incumbentes de la organización. Dada su singularidad, a primera vista, podría parecer interesante internalizarlos y que se desarrollen internamente; sin embargo, puede ser valioso que sea gente con conocimiento del mercado y de la competencia. Además –y esto explica su caracterización como "alianza"–, puede suceder que la organización no tenga un volumen de trabajo para estas personas que justifique su contratación como personal permanente. La creación de alianzas, en cambio, permite contar con gente altamente calificada para realizar tareas importantes, pero relativamente pocas y específicas. La relación, en estos casos, tiene siempre algo de paradojal, ya que se trata de personal que manejará información y contactos muy sensibles, sin estar internalizado en la organización. Por eso, se trata de asociaciones basadas en la confianza recíproca y en actitudes colaborativas. Es común que alianzas más o menos formales con estudios jurídicos, consultoras, empresas de tecnología aplicada y capacitación funcionen sobre estas bases.

En suma, tomando como referencia el planteo de Lepak y Snell, es posible no solo comprender mejor cuáles son los aportes posibles de la capacitación, sino también convertirla en un sistema de actividad que pueda proporcionar anticipación y propuestas.

La capacitación como sistema de actividad

¿Cuál es la lógica de los programas de entrenamiento? A continuación, analizo aquellos con los que he tenido contacto o he estudiado en el transcurso de mi experiencia profesional y académica. Tal vez esta publicación motive a algunos lectores para que nos ayuden a conocer otras modalidades omitidas por olvido o desconocimiento. El estudio fue hecho un par de años antes de la pandemia de COVID-19, cuando el management y la educación a distancia eran más una posibilidad que una práctica corriente. Por lo demás, es cierto que la enseñanza se ha transformado mucho y se transformará aún más con la digitalización, pero debería comprobarse que el cambio en la forma de interactuar provoca cambios en la transferencia, y eso aún no ha sucedido.

Las próximas páginas toman como base un pequeño estudio que realizamos hace unos años con la profesora María Fernanda García Wagstaff, de la Universidad de Texas en El Paso. Todo comenzó con Tomás Donovan, un alumno de la Maestría en Estudios Organizacionales que yo dirigía en la Universidad de San Andrés. Con mucho criterio, él se preguntó por qué las empresas (y podría añadirse también escuelas, museos y organizaciones sin fines de lucro) gastaban dinero en capacitación de tipo escolar si incluso sus organizadores aceptaban que los participantes raramente ponían en práctica esos aprendizajes en el trabajo.

> *De acuerdo con Engeström, actividad y acción designan eventos distintos: mientras que la primera tiene un principio y un fin claros, la segunda carece de esas referencias predeterminadas y genera acciones sucesivas para lograr un "objeto".*

Tomás había basado su análisis en Yrjö Engeström, un investigador finlandés que habíamos discutido en clase. Excede a los objetivos de este trabajo explicar la interesante teoría de este autor; pero baste con señalar que él habla principalmente de sistemas de actividad. De acuerdo con Engeström, actividad y acción designan eventos distintos: mientras que la primera tiene un principio y un fin claros, la segunda carece de esas referencias predeterminadas y genera acciones sucesivas para lograr un "objeto". El objeto refiere al propósito, motivo y significado de la acción colectiva; es relativamente duradero y se relaciona con los fines a largo plazo; asimismo, es interpretado, construido y transformado por la acción de aquellos que están involucrados en la actividad[7]. Supongamos, por ejemplo, una médica que atiende a un paciente: ella puede afirmar que sabe cómo curarlo; sin embargo, "saber curarlo" se refiere menos a una respuesta que a un método. Qué es lo que debe hacer específicamente es algo que irá descubriendo a medida que vaya interactuando, haciendo pruebas y estudios como para saber cuáles deberán ser sus próximos pasos. En el ámbito laboral, nos movemos en un mundo de actividades interconectadas.

Sobre la base de la pregunta de Tomás e incorporando a Linda Argote[8] en el planteo teórico, con mi colega María Fernanda García Wagstaff decidimos llevar adelante un estudio piloto. Con este fin, invitamos a once gerentes de capacitación o directores de recursos humanos a participar en entrevistas semiestructuradas. Las preguntas preparadas eran simples, pero dejábamos que surgieran otras de la conversación: "Cuéntenos un programa de capacitación que le haya parecido exitoso"; "¿Por qué cree que lo fue?"; "Cuéntenos acerca de un programa que no lo haya sido"; "¿Por qué cree que no lo fue?".

---

7   Engeström, Yrjö y Sannino, Annalisa. "Studies of Expansive Learning: Foundations, Findings and Future Challenges". *Educational Research Review* 5, N° 1 (2010), pp. 1-24.

8   Argote, Linda y Miron-Spektor, Ella. "Organizational Learning: From Experience to Knowledge". *Organization Science* 22, N° 5 (2011), pp. 1123-1137.

El análisis de los datos nos permitió identificar cuatro sistemas de actividad que describen las principales características de los programas de capacitación más usuales. Denominamos a los sistemas: de base escolar; prescriptivos; de aprendizaje expansivo; y de circulación del conocimiento. La siguiente descripción de cada uno se basa en un texto inédito, discutido y analizado con María Fernanda, cuyo aporte fue sustancial para las líneas que siguen.

Sistema de base escolar. El objetivo de este sistema está centrado en la ejecución de tareas y el desarrollo de actividades que faciliten el trabajo que se da fuera del ámbito de la capacitación. Tal como ocurre en la escuela, se forman individuos que idealmente podrán hacer ciertas tareas en momentos, lugares y contextos inespecíficos. El énfasis está puesto en el aprendizaje que se desarrolla en el curso y no en su transferencia al lugar de trabajo. Se espera que cada persona sea capaz de adaptar lo aprendido a su contexto real de práctica.

Este tipo de programas de capacitación no suele ser muy flexible, y aunque su utilización parezca omnipresente, sus resultados no eran muy apreciados por los responsables de capacitación a los que había entrevistado Tomás ni por quienes entrevistamos nosotros. La pregunta inevitable, entonces, es: si este sistema de clases estilo escolar no es valorado por la gente que organiza las actividades de capacitación, ¿por qué se utiliza tanto? Varias razones surgieron de las entrevistas: a) son una forma conocida y aceptada en las organizaciones; b) la estructura de este tipo de programas, con horas y costos previsibles, los hace coherentes con las pautas más usuales de presupuestación; c) sus objetivos y contenidos son más fáciles de explicar a los clientes internos; d) tienen una larga tradición y siempre se ha hecho así; e) al reproducirse por inercia, exigen menos esfuerzo para conseguir apoyo político y logístico; y f) son relativamente fáciles de replicar en los diversos contextos donde una organización de alcance nacional o global se encuentra establecida. Todas estas razones hacen que, a pesar de las dudas, sea una forma de enseñanza muy común. "Muchos cursos no servirán para lo que prometen, pero al menos no nos crearán problemas", parecen aceptar tácitamente los involucrados.

En algunos casos, los sistemas de base escolar tienen sentido, sobre todo cuando se trata de "instalar" un tema, como veremos más adelante, o cuando forman parte de un híbrido que los complementa. Así ocurre, por ejemplo, en los denominados sistemas de base "70:20:10": un 70% de tareas desafiantes, con capacidad de motivación intrínseca; un 20% de *coaching* con interlocutores que faciliten el desarrollo personal; y un 10% de cursos y entrenamiento presencial o a distancia[9]. Esta modalidad, aunque criticada por no existir aún evidencia suficiente sobre su efectividad, es empíricamente convincente, flexible, útil y permite adaptaciones a diversos contextos. Allí el sistema de base escolar tiene una acción importante porque complementa sus debilidades con las otras estrategias.

Sistema disruptivo/relacional. El propósito de este tipo de management de la capacitación es sobre todo relacional: se basa en la idea de que el conocimiento de las organizaciones varía con la calidad del vínculo entre sus integrantes. Las organizaciones con estructuras rígidas y comunicación

---

9   Lombardo, Michael M. y Eichinger, Robert W. *The Career Architect Development Planner.* 1°. Minneapolis: Lominge, 1996.

interna deficiente, atravesadas por relaciones de desconfianza y recelo, o divididas socialmente, por lo general tienden a generar conocimientos aislados y a tener más dificultades para encarar sus problemas que aquellas donde el conocimiento es accesible para todos sus miembros. Donde no hay ni diálogo ni prácticas compartidas, aunque las relaciones interpersonales sean buenas y los procesos sean interdependientes, construir un conocimiento integrado es una utopía.

Frente a la necesidad de utilizar una nueva tecnología u optimizar el uso de la existente, es común encontrarse con que las divisiones tradicionales en sectores (producción, mantenimiento, sistemas, comercialización y demás) resulten anacrónicas e, incluso, hayan generado identidades, pertenencias y estamentos (operarios, técnicos e ingenieros) que, aun cuando pudieron ser funcionales en algún momento, sean ahora nocivos. Por eso, hablamos de un management del entrenamiento cuyo propósito es relacional, enfatizándose los vínculos como medio para descubrir nuevas actividades o ejecutar las ya instaladas o las nuevas con más confiabilidad. Esto exige que gente que no dialogaba habitualmente comience a conversar y pueda así compartir sus necesidades y experiencia. Cabe agregar que el propósito de este sistema de actividad es al mismo tiempo disruptivo, por cuanto rompe no solo con las formas de entrenamiento más tradicionales, sino también con sistemas de identidad o pertenencia muy arraigados en la organización.

> *El propósito del sistema relacional es al mismo tiempo disruptivo, por cuanto rompe no solo con las formas de entrenamiento más tradicionales, sino también con sistemas de identidad o pertenencia muy arraigados en la organización.*

En el sistema disruptivo/relacional, el instructor se suma a los grupos de trabajo y colabora con ellos para que se integren. La gente ensaya en su posición nuevas formas de hacer las cosas y el instructor los ayuda a ponerse en contacto con otros actores o proveedores de conocimiento involucrados. El modo en que el propósito se logra está delineado en forma amplia y va ganando en exactitud a medida que se avanza y se conoce el origen de las dificultades. El conocimiento no es solamente un insumo sino también un producto del entrenamiento.

Uno de los entrevistados durante nuestro relevamiento nos narró una experiencia que ilustra bastante bien la cuidadosa labor relacional y disruptiva que la red de programa de capacitación debe llevar a cabo. El objeto del entrenamiento era la instalación de un sistema de mantenimiento preventivo en una planta automotriz. Este objetivo no era solo conceptual (un contenido que bien podía ser impartido en un aula); se trataba principalmente de aprender a hacerlo… haciéndolo: la práctica era el espacio indicado para lograr la circulación y construcción social del conocimiento. Gran parte del aprendizaje consistía en descubrir aspectos del funcionamiento de la maquinaria que eran conocidos por algunos grupos de trabajo y no por otros. Por lo tanto, no solo no había distancia entre el aprendizaje y su transferencia, sino que la transferencia en sí misma requería una cierta "transformación" de los contenidos para poder efectivizarse debido a la diferencia en la formación y las prácticas de los grupos involucrados[10].

El trabajo dejaba de ser una rutina mecánica para convertirse en lo que Donald Schön (*op. cit.*) llamaría *un espacio de reflexión en la acción*. Desde luego, los objetivos de la capacitación y el sistema de actividad elegido no negaban

---

10 La idea de que los contenidos necesitan transformarse para pasar de un grupo a otro es tratada por Beth A. Bechky en "Sharing Meaning Across Occupational Communities: The Transformation of Understanding on a Production Floor" (*Organization Science* 14, N° 3; mayo-junio de 2003; pp. 312-330).

que una parte del trabajo se desarrollara en un aula; la singularidad de este caso era que el aula devenía un espacio de reflexión sobre la reflexión en la acción que exigía la tarea. Así, el conocimiento se nutre de diversas fuentes, teorías y prácticas que convergen en la actividad de entrenamiento al dialogar las distintas voces que representan a las comunidades de práctica convivientes. Cabe recordar que, como señalan Brown y Duguid[11], para que el conocimiento circule, más importante que su explicitación es compartir la práctica. Y eso es lo que sucede en este sistema disruptivo/relacional.

La tarea más significativa en el management de este tipo de actividades es relacionar grupos diferentes que actúan sobre la misma realidad sin ligarse entre sí. Así, algunos ingenieros descubren que los empleados tienen qué enseñarles y los operarios descubren que los ingenieros, además de ser jefes, pueden darles elementos valiosos para aprender. En la planta automotriz referida, la instructora describía su trabajo como "ligar a los ingenieros con la gente" y, al enunciarlo de ese modo, describía sin ironía una realidad que le resultaba obvia acerca de la distancia entre los dos grupos. Para establecer estos lazos, el rol del capacitador deja de ser el de una persona de *staff* para convertirse en *línea*.

El sistema es disruptivo porque rompe con el supuesto de que el instructor enseña lo que ya sabe. En rigor, actúa como un agente social de aprendizaje[12], que a veces prueba, ensaya, experimenta junto con el entrenado y con él descubre también el mejor procedimiento. La capacitación se enfoca en la forma en que los empleados implementan

---

11 Brown, John Seely y Duguid, Paul. "Organizational Learning and Communities-of-Practice: Toward a Unified View of Working, Learning, and Innovation". *Organization Science* 2, N° 1, Special Issue: *Organizational Learning: Papers in Honor of (and by) James G. March* (1991), pp. 40-57.

12 Perkins, David N. y Salomon, Gavriel. "Teaching for Transfer". *Educational Leadership* 46, N° 1 (septiembre de 1988), pp. 22-32.

lo que han aprendido –tanto en el aula como en el lugar de trabajo– a través de la experiencia, las dificultades que enfrentan y las interacciones entre ellos involucradas en esa implementación. El motor es siempre la relación entre personas y grupos diversos, donde la pertenencia no está basada en las divisiones diseñadas por la organización para su control, sino en las relaciones sucesivas y simultáneas de las cadenas de producción para la obtención de resultados. En suma, como bien dijo uno de los entrevistados, "de lo que se trata es de conectar gente para conectar conceptos".

> *El sistema relacional/ disruptivo rompe con el supuesto de que el instructor enseña lo que ya sabe. En rigor, actúa como un agente social de aprendizaje, que a veces prueba, ensaya, experimenta junto con el entrenado y con él descubre también el mejor procedimiento.*

Este tipo de management de la capacitación es consistente con la idea de Weick[13] acerca de que la unidad de análisis organizacional no son los individuos sino sus conductas interrelacionadas. Los empleados parecen estar involucrados en hacer cosas juntos para de ese modo resolver problemas y lograr resultados. Tal como señalara Wenger[14], en las comunidades de práctica la gente interactúa y –ya sea por involucramiento, por imágenes o por alineamiento,

> *El sistema relacional/ disruptivo es consistente con la idea de Weick acerca de que la unidad de análisis organizacional no son los individuos, sino sus conductas interrelacionadas.*

---

13 Weick, Karl E. *The Social Psychology of Organizing*. Nueva York: Random House, 1979.

14 Wenger, Étienne. *Comunidades de práctica: aprendizaje, significado e identidad*. Barcelona: Paidós, 2001.

en tanto que el proceso se desarrolla– todos se ayudan recíprocamente para resolver problemas o aprovechar oportunidades. El énfasis está puesto en entender las diferentes perspectivas de los actores involucrados en el aprendizaje y el proceso de transferencia. El significado construido socialmente y asignado a cada acción por los involucrados es clave para la exploración y la sistematización del conocimiento. De esta manera, es posible que experiencias únicas sean subsumidas bajo categorías generales de conocimiento.

Sistema prescriptivo. En algunas organizaciones la capacitación está centrada en dar habilidades predeterminadas para tareas específicas, que deben realizarse de una cierta y única forma. En esos casos, hablamos de sistemas prescriptivos. Estos se caracterizan por estar enfocados en la realización de tareas específicas con mucho control y de un modo que deja poco espacio a la flexibilidad. El eje son las soluciones técnicas para las tareas operativas a fin de que sean desarrolladas en toda la organización de una forma previsible y controlable. Esta clase de capacitación es muy frecuente para funciones que deben cumplir normas muy precisas para asegurar alta confiabilidad, por razones de seguridad o alto riesgo, como, por ejemplo, entidades bancarias, las HRO que trabajamos en el Capítulo 3 y los laboratorios certificados.

Este tipo de actividad es facilitado por el responsable de capacitación en interacción con una red de programas o un grupo de gente responsable de supervisar y aprobar cada decisión que se tome respecto de qué se enseñará a quiénes y cómo se garantizará el cumplimiento estricto de las normas.

Las herramientas utilizadas para la instrucción son siempre lo que Perkins y Salomon (*op. cit.*) llaman "mediadores sociales del aprendizaje individual", pudiendo variar desde la presencia de instructores o mentores que dan "clases magistrales", hasta maestros que forman a sus aprendices, o incluso artefactos culturales que condicionan, potenciando o limitando, las posibilidades de acción y de aprendizaje. De acuerdo con esta definición, tanto aquellos artefactos que "se encienden o se conectan" como los juegos prediseñados que faciliten el aprendizaje (*gaming*), sean presenciales o a distancia, deben ser considerados mediadores sociales. Dichos artefactos son lo que Lev Vigotsky[15] hubiera llamado "andamiajes", ya que permiten llegar a tareas u operaciones a las que uno no podría acceder por sí mismo. Trabajar en un lugar donde se disponga de computadoras, escenarios, equipos de sonido, mentores, perros lazarillos o caballos entrenados (porque no necesitan ser necesariamente elementos tecnológicos) facilita muchos desempeños o aprendizajes que sería imposible lograr de otra manera.

Los sistemas prescriptivos se caracterizan por las reglas fijas, el seguimiento y el control, todo lo cual restringe la conducta social a través de expectativas de roles muy claras.

> *Los sistemas prescriptivos se caracterizan por las reglas fijas, el seguimiento y el control, todo lo cual restringe la conducta social a través de expectativas de roles muy claras.*

Aunque las comunidades de práctica no siempre son importantes en este tipo de roles, el alineamiento entre las actividades individuales y los procesos organizativos es central, al punto que podrían ser caracterizadas –en términos de Wenger– como comunidades por alineamiento. Del mismo modo, como es importante que esa comunidad comparta una visión acerca de su identidad y el sentido de su tarea, es probable que puedan ser caracterizadas también como "comunidades por imaginación".

En cuanto a resultados, la transferencia de lo aprendido es un requisito tanto controlado como incentivado por la organización. Hay confianza en que lo aprendido será

---

15   Baquero, R. *Vigotsky y el aprendizaje escolar.* Buenos Aires: Aiqué, 1997.

traslado a la tarea, ya que esta se guía por las mismas pautas que se trabajaron en el curso.

Sistema de circulación del conocimiento. Hemos denominado a estos sistemas "de circulación del conocimiento" porque, a partir de los relatos obtenidos en las entrevistas, tanto a María Fernanda como a mí nos pareció que ese era su principal objetivo. A diferencia de los sistemas prescriptivos, no solo carecen de resultados específicos que se espera transferir a la tarea: se evita tenerlos. Desde una perspectiva taylorista o de management clásico, esto parece un disparate. Sin embargo, es un sistema utilizado por organizaciones especialmente exitosas e innovadoras.

Aunque tiene en sus fundamentos algunos parecidos con el enfoque disruptivo/relacional, hay muchas diferencias en su ejecución. Comencemos por describir este sistema. Los participantes pertenecen a distintas áreas de la organización y, aunque hay interdependencia entre ellos, es probable que en algunos casos no se conozcan o pertenezcan a niveles diferentes según el organigrama. Aunque los esquemas pueden variar, tomemos como ejemplo uno en que los participantes cursen unos cuatro módulos –cada uno durante tres días completos– en una universidad o un centro de enseñanza fuera de la organización. Los módulos pueden abordar distintos temas generales (con frecuencia, estrategia, comercialización, operaciones, recursos humanos u otros igualmente amplios). El dictado está a cargo de un docente capacitado para manejar clases activas, con mucho trabajo grupal; de este modo la experiencia favorece que los participantes se conozcan entre sí, que es uno de los objetivos.

A diferencia del sistema disruptivo/relacional tradicional, el de circulación del conocimiento no se desarrolla en el lugar de trabajo y no se centra en un problema organizativo concreto, aunque es común y se considera valioso que esos problemas aparezcan y sean materia de conversación y diálogo. En estos programas de capacitación, los intercambios informales durante el desayuno, los recreos o el almuerzo son tan importantes como las clases. Mientras el sistema disruptivo/relacional busca la formación de las redes en las cercanías físicas de la actividad planteada, en el de circulación de conocimiento, todo ocurre en el aula. Sin embargo, ambos sistemas buscan la formación de nuevas redes entre los participantes, distintas a las establecidas por el organigrama. Además, es común que se reserve una tarde en cada módulo para recibir y conversar libremente con un invitado, que a veces es alguien externo a la empresa, o un gerente o grupo importante con quien los participantes no podrían charlar tranquilamente o interactuar en una experiencia estructurada en la dinámica habitual de la organización.

El sistema de circulación del conocimiento no se desarrolla en el lugar de trabajo y no se centra en un problema organizativo concreto. Los intercambios informales son tan importantes como las clases.

El objetivo del sistema de circulación del conocimiento es desarrollar capacidades individuales de relación con gente de otras áreas, así como una visión global del negocio, sus problemas y posibilidades. El énfasis está puesto en crear espacios virtuales o presenciales donde distintos grupos puedan trabajar en temas significativos para la organización que presentarán a las autoridades de la empresa al finalizar el curso. Para desarrollar estos trabajos –por lo general, de modo virtual–, cada grupo recibe un tema y un mentor, función desempeñada por un gerente de la empresa que se propuso o aceptó esta responsabilidad (en algunos casos, esa persona a cargo recibe algún *coaching* para desempeñar su rol).

	SISTEMA DISRUPTIVO/ RELACIONAL	**SISTEMA DE BASE ESCOLAR**	**SISTEMA PRESCRIPTIVO**	**SISTEMA DE CIRCULACIÓN DE CONOCIMIENTO**
TRANSFERENCIA ESPERADA	A través de la resolución conjunta de problemas.	Mediante la aplicación de lo adquirido en el ámbito de trabajo.	A partir de las demandas del rol, facilitada por incentivos y promociones.	Por la creación de nuevas redes y facilitada por un fuerte sentido de identidad organizacional.
OBJETO	Resolución de problemas. Alta flexibilidad.	Tareas y habilidades. Poca flexibilidad.	Cumplir requisitos de la tarea. Poca flexibilidad.	Visión más amplia de sus posibilidades de acción en la organización. Redes. Identidad organizacional. Alta flexibilidad.
PARTICIPANTES	Variedad de sujetos involucrados e interconectados. Construcción de vínculos entre miembros.	Una persona puede planear e implementar el entrenamiento. Ninguna o pocas interconexiones.	Responsable de capacitación y comité de control.	Involucrando e interconectando miembros de distintos niveles y sectores de la organización.
HERRAMIENTAS	Mediación. Cursos, talleres, auditorías.			Construir redes.
TAREA	Construcción de conocimiento participativo. Identidad social como sistema de aprendizaje.	Aprendizaje individual y andamiaje cultural.	Aprendizaje individual y andamiaje cultural.	Construcción participativa de conocimientos. Andamiaje cultural. Identidad social como sistema de aprendizaje.
CONOCIMIENTO	Demostrable.			Disciplinario. Tácito. Codificable.
COMPONENTES DEL ENTRENAMIENTO	Teoría. Práctica. *Coaching*.			Cursos. Grupos de discusión con incumbentes internos y externos.

Figura 13. El management de programas de entrenamiento. Estudio piloto (Gore y García Wagstaff).

Es común que las organizaciones expliquen la efectividad del curso en términos de la utilidad de las propuestas que presentan los participantes. Sin embargo, en nuestra experiencia, su aplicación real no es demasiado común porque, más allá de que muchas iniciativas son buenas y factibles, no siempre son prioritarias en un contexto de recursos escasos. No obstante, cuando estos cursos son evaluados *a posteriori*, tanto los participantes como la gerencia valoran sobre todo las redes que se han formado, que dinamizan la organización desarrollando proyectos y encontrando soluciones que hubieran sido impensables antes. En suma, el principal producto de este sistema parece estar en las transferencias de conocimiento a través de la creación de nuevas redes con un fuerte sentido de identidad organizacional.

En algún caso, un banco comentó una versión de estos programas en la que participaron, además de mandos medios de su propia organización, dueños de pymes clientas. Si bien encontraron mucho más complejo el manejo del programa, estaban muy satisfechos en términos de la fidelización de los clientes y la concientización de los participantes sobre su propio peso en la comercialización de la organización.

Acuerdos y factibilidad

Además de conocimiento preexistente a la actividad de enseñanza (por lo general codificado)[16], tal como hemos señalado, la capacitación en el trabajo contempla con frecuencia contenidos que son su insumo y producto simultáneamente. Un ejemplo con conocimientos del primer tipo es una actividad que brinde capacitación en la incorporación de un nuevo *software* de logística. Un ejemplo de contenidos del se-

---

16 *Cfr.* Capítulo 4.

gundo tipo es un taller destinado a definir qué áreas de la organización deberían tener acceso a ese *software* para brindar un servicio al cliente acorde con la misión organizacional. Ambos tipos de capacitación son necesarios y valiosos.

Para que lo aprendido en el espacio de capacitación sea puesto efectivamente en juego en el lugar de trabajo, deben tenerse en cuenta al menos dos coordenadas: el grado de acuerdo entre los actores involucrados y la factibilidad de la implementación de la nueva práctica (*cfr.* Figura 14).

	+ ACUERDO –	
– ACUERDO +	**Área 2** **TALLER**	**Área 1** **CURSO**
	Área 3 **SENSIBILIZACIÓN**	**Área 4** **CONSTRUCCIÓN DE EQUIPOS**

– FACTIBILIDAD +

Figura 14. Contextos y actividades de capacitación
(Gore y Vázquez Mazzini)[17].

El área 1 define la situación casi ideal para hacer un curso tradicional, porque todos los actores están de acuerdo en hacer la capacitación y las posibilidades técnicas de implementar los cambios que de ella surjan son razonablemente buenas: todos los involucrados están bien dispuestos a disfrutar del nuevo escenario y hacerlo es posible. Aunque la mayoría de los cursos y manuales de capacitación están pensados para este contexto, la realidad muestra que es el menos frecuente de los cuatro que la matriz define.

---

17   Gore, Ernesto y Vázquez Mazzini, Marisa. *Hacer visible lo invisible. Una introducción a la formación en el trabajo.* Buenos Aires: Granica, 1996.

El área 2, por su parte, señala un alto grado de acuerdo, aunque la factibilidad técnica resulta escasa. En estos casos, la voluntad compartida suele optimizar la explotación máxima de la pobreza de recursos (de cualquier tipo): este es un ejemplo donde el insumo y el producto de la capacitación son difíciles de discernir. El curso como diseño abre paso al taller: si bien todos están interesados, el propósito central del encuentro ya no será llevarse los contenidos sino más bien generarlos.

Aunque la mayoría de los cursos y manuales de capacitación están pensados para el área 1, la realidad muestra que es el escenario menos frecuente de los cuatro que la matriz define.

Típicamente, si las capacitaciones del área 1 giran en torno a un tema, las del área 2 se organizan en torno a la resolución de un problema. Pero atención: esto no significa que los talleres no brinden contenidos; más bien es el taller el que va eligiéndolos, a veces descubriéndolos y en ocasiones planteándolos a medida que se avanza en la construcción colectiva de la respuesta buscada.

El área 3 es casi el escenario de quien predica en el desierto (no por nada muchos hablan de una actividad "evangelizadora"). Si el tema no ha sido nunca encarado en la organización y no hay una urgencia, amenaza u oportunidad tentadora que justifique abordarlo, es natural que los actores no vean relevancia en la capacitación y no existan en la organización elementos que sustenten técnicamente lo que el nuevo tema requiere. Es frecuente, por ejemplo, que organizaciones con escasa cultura y tradición en instrumentar medidas de seguridad e higiene, ante una exigencia legal nueva o una epidemia como la que estamos viviendo al escribir estas páginas, brinde a su gente alguna actividad ya sea *pour la galerie*, porque "algo hay que tener", o –más seriamente– para instalar una cuestión que se encontraba pendiente. No obstante, es una oportunidad importante para que la capacitación actúe en este escenario para sensibilizar a los involucrados y a los participantes estimulando el inicio de la construcción de acuerdos y factibilidad. En suma, la capacitación en el área 3 puede obtener un logro importante si consigue facilitar el inicio de las conversaciones relevantes entre los actores involucrados y convertir en un tema algo que no era percibido como tal. De hecho, es común que cuestiones como la discriminación, el abuso, el acoso, los niños golpeados en sus casas o la violencia de género no "existan" hasta que se comienza a hablar sobre ellas.

El área 4, por último, presenta a la capacitación como una metafórica mesa ricamente servida con escasos comensales a la vista. Hay oportunidades de hacer algo mejor de lo que se hace o de hacer algo inexplorado en sus posibilidades, pero la falta de acuerdo entre las áreas involucradas no lo permite. ¿Qué puede aportar la capacitación? Colaborar para que se construyan conexiones que permitan convertir a ese "agregado disgregado" de personas en una red de práctica: la capacitación adopta la forma de un proceso de *team building*. Así, a través de la propuesta de situaciones participativas, se alienta que las personas se presenten, expliquen sus miradas, así como sus prácticas y la lógica que las sustenta. Se trata en cierta forma de una negociación de significados, de una actividad que moviliza profundamente, porque invita a la construcción de un sentido compartido por el conjunto a partir de una diversidad de puntos de vista y de explicitar los factores conflictivos. Implica sincerar y ajustar el concepto que los grupos se han formado recíprocamente unos de otros y de sus propios intereses. Como puede suponerse, la capacitación debe acompañar y asistir a los representantes de las distintas áreas para que la actividad no se convierta simplemente en una catarsis, sino en un espacio fundacional de conversaciones sustantivas para la elaboración de un sentido compartido. Cuando la actividad es correctamente acompañada, los participantes encuentran alivio de los conflictos latentes (reales o imaginarios) y fortaleza en la comprensión de que el conjunto tiene ahora una mayor riqueza de recursos y posibilidades para responder orgánicamente a los desafíos que enfrenta la organización. De "el otro es mi amenaza" se emprende el camino hacia "el otro puede ser mi aliado". No resulta sencillo. Pero es posible.

En resumen, la capacitación comparte mucho menos de lo que suele creerse con la enseñanza escolar. No se centra ni se limita a transmitir conocimiento codificado. Su trabajo se enfoca siempre en la modificación de conductas interconectadas. Y sus diseños responden a atender el tipo de capacidad en que la organización exhibe déficits. Reiteramos, la capacitación busca siempre que, a partir de su intervención, la organización pueda hacer cosas que antes no podía llevar a cabo.

La red de programa

En el Capítulo 5, hemos criticado lo que dimos en llamar la "teoría vacunatoria del aprendizaje", que propone –básicamente– pensar al conocimiento como una "defensa contra la ignorancia" que el individuo recibe pasivamente. Algunas "vacunas" brindan "defensas" para toda la vida (por ejemplo, el conocimiento del abecedario), mientras que otras necesitan refuerzos (¿cómo se llamaba el río Amazonas en su curso superior?). Como explicamos antes, este conocimiento codificado es eminentemente escolar: se enseña al individuo para que lo emplee en un tiempo y ambiente genéricos imposibles de especificar ("el trabajo", "la vida"). No obstante, a veces las organizaciones esperan de la capacitación un resultado similar: que enseñe liderazgo, normas ISO, control de calidad, prevención de accidentes laborales y mil temas más para que después, en el momento y la escena pertinentes, las "defensas" inoculadas entren espontáneamente en acción. Conviene preguntarnos qué nos hace pensar que esa activación ocurrirá si, para construir liderazgo, implementar normas ISO o cualquier otra eventualidad en un marco organizativo, hacen falta –como para el tango– dos (al menos).

Con frecuencia, se espera de los programas de capacitación que sirvan *per se* para cambiar prácticas, pero sin modificar los vínculos entre las personas ni el *statu quo* de la organización. Si volvemos a la matriz de análisis de la Figura 14, es fácil darse cuenta de que, con excepción de los cursos y su particularísimo contexto de instrumentación, las otras tres actividades (talleres, encuentros de sensibilización y *team building*) centran su eficacia especialmente en cambiar las percepciones recíprocas de los participantes, más que en los temas o contenidos abstractamente considerados. De hecho, como señalamos, muchas veces estamos hablando de un conocimiento que depende de la calidad de los vínculos. La idea de capacitar sin modificar el *statu quo* es una farsa o una quimera.

> **Con excepción de los "cursos" y su particularísimo contexto de instrumentación, las otras tres actividades (talleres, encuentros de sensibilización y team building) centran su eficacia especialmente en cambiar las percepciones recíprocas de los participantes, más que en los temas o contenidos.**

A pesar de lo expuesto, debemos reconocer que los programas de capacitación suelen enunciarse como un conjunto de temas que el capacitador debe enseñar –en forma presencial o virtual, no importa– y los participantes deben aprender. De esta manera, la "teoría vacunatoria" se adueña en los papeles (y, desde allí, con facilidad, en las mentes) del propósito de las actividades que se lleven adelante. ¿Cómo evitarlo? Una posibilidad interesante es definir el programa de capacitación no solo contemplando los temas, sino también atendiendo a dos propósitos principales: 1) desarrollar el capital humano de la organización para reforzar las redes de práctica que la integran; y 2) desarrollar el capital social, trabajando en sus fronteras los vínculos y las percepciones recíprocas a fin de explorar y descubrir oportunidades de conexión, colaboración, complementariedad, potenciación y demás.

Entendemos por capital social a las redes de relación que permiten el acceso al conocimiento, la oportunidad, el saber complementario y el poder para actualizar el capital humano, es decir, para hacerlo efectivo. Cabe señalar que hay personas que cuentan con una rica red de contactos dentro y fuera de la organización y pueden usar y enriquecer lo que saben, es decir, tienen buen capital social. Y también, que otras tienen gran talento, capacidad, información y demás, pero les faltan amigos, parientes y contactos; en consecuencia, esa carencia de capital social vuelve estéril la expresión y puesta en práctica de su capital humano.

¿Cómo establecer si una persona o una organización sabe algo? Comprobando si es capaz de hacer lo que dice saber; ese hacer requiere siempre, además de capacidades individuales, contar con otros, con redes. Las escuelas y las universidades tienen como propósito básico formar capital humano, aunque sea frecuente que compañeros y docentes de las aulas devengan luego en parte de nuestro capital social.

Resulta indiscutible que un programa de capacitación debe contar con un adecuado marco técnico y pedagógico. Pero la mejor técnica en manos del mejor pedagogo o la mejor tecnología en manos del mejor tecnólogo, no alcanzan para que sean exitosas. Es imprescindible, además, trabajar en la construcción de acuerdos políticos entre los representantes de las comunidades de práctica implicadas sobre cinco cuestiones clave: 1) la necesidad de trabajar en pos de crear o reforzar una red organizacional; 2) quiénes son los actores que deben intervenir en los acuerdos que sustenten el diseño del programa de capacitación; 3) cuáles serán los hilos conductores del programa, qué objetivos generales y específicos lo guiarán; 4) cuáles son los contenidos que deberían incluirse como punto de partida, esperando que la interacción misma ayude a producir los que aún faltan; y 5) qué acuerdos permitirán llevar a cabo el seguimiento que asegure la aplicación posterior, en el trabajo, de lo aprendido en el aula.

La organización, a pesar de que nos esforcemos por verla como un hecho técnico, es un hecho político. Y la capacitación lo es también. El proceso de desarrollo de nuevas habilidades, en tanto hecho político, comienza con la definición del problema y las redes de relación para encararlo. Seamos conscientes de ello o no, cuando llegamos a la primera clase hace rato que la capacitación está en marcha, y más vale encarar el hecho fundacional a plena conciencia, porque la posibilidad de poner en acción lo aprendido dependerá más de tener involucrados a los protagonistas clave que de la calidad pedagógica o de la tecnología utilizada por la capacitación.

La red formal o informal que da apoyo político al programa de capacitación es la "red de programa". Entendemos por "red de programa" al conjunto de personas que comparten una percepción acerca de un problema y comparten la confianza en que cierto proyecto de capacitación es una forma posible de abordarlo. Una red de programa no solo incluye a los actores involucrados sino también los acuerdos que alcanzaron y la factibilidad técnica para hacerlos realidad.

> *La red formal o informal que da apoyo político al programa de capacitación es la "red de programa".*

Para establecer con quiénes sería bueno contar en la red de programa es preciso –entre otras cuestiones– que estén contemplados todos los entornos críticos relacionados con el problema, es decir, todos aquellos cuya participación y apoyo serán necesarios cuando haya que poner en práctica lo que la capacitación brinde. Como no siempre hay margen político para constituir esta red formalmente, es necesario al menos que el responsable de la capacitación tenga claro quiénes son los actores importantes para que, en su momento, lo trabajado en el programa se pueda llevar a la práctica, asegurando –aunque sea a través de diálogos informales– que esas personas estén al tanto y de acuerdo con lo que se intenta hacer. De esta manera, se evitarán problemas tan simples y tan comunes como entrenar al personal para usar un equipo del que en realidad no podrán disponer por un buen tiempo ya que la gente de compras no estaba al tanto que hubiera debido proveerlo.

La tarea de conformación de la red de programa es la primera fase del programa de capacitación. No es un procedimiento previo ni separado. Se trata de generar más o menos formalmente el espacio político para las actividades de capacitación y su puesta en práctica. Aunque se hable de capacitación, el tema aquí es el desarrollo de la organización combinando de la mejor manera posible las dos coordenadas de la Figura 14: acuerdos y factibilidad, condicionantes de la transferencia y la transformación de aprendizajes. Esto último, sin dudas, será un producto de la capacitación, pues responde no solo a la "adquisición" de un nuevo conocimiento sino, esencialmente, a construir colectivamente el sentido que cobra en las prácticas de las comunidades involucradas[18].

Por último, debemos subrayar que, para que los nuevos saberes organizativos resultantes de la capacitación tengan un correlato efectivo en las prácticas, es preciso establecer, con el auxilio de los *brokers* adecuados, nuevos polos de poder alrededor de las innovaciones: este es el fin de las

---

18   Gore, Ernesto. *El próximo management.* Buenos Aires: Granica, 2012.

redes de programa. Las redes de programa constituyen la instancia en que los organizadores de la capacitación, los instructores y los participantes de las actividades cambian sus vínculos y, por lo tanto, transfieren a las prácticas los aprendizajes construidos colectivamente.

El punto de partida

El punto de partida para abordar la primera etapa de elaboración del programa de capacitación es relevar las relaciones reales que definen la situación de los miembros en la organización y su pertenencia a las comunidades y redes de práctica existentes.

Hemos explicado que la organización está lejos de ser un todo homogéneo y explícitamente ordenado, como el que nos muestra (por ejemplo) un organigrama. Por el contrario, la organización se parece mucho más a un "conjunto de islas mal conectadas", a un territorio habitado por "tribus" (algunas aliadas, otras en pugna y unas más quizás neutrales). Desde luego, estas metáforas no niegan el orden que establece la estructura, pero lo enriquecen poniendo de manifiesto que la organización es un organismo vivo, donde no todos los vínculos son ni tan evidentes ni tan permanentes, y donde la acción responde tanto a los significados compartidos (en comunidades y redes de práctica) como a las relaciones de mando y obediencia (definidas en el organigrama).

La organización es un organismo vivo, donde no todos los vínculos son ni tan evidentes ni tan permanentes, y donde la acción responde tanto a los significados compartidos (en comunidades y redes de práctica) como a las relaciones de mando y obediencia (definidas en el organigrama).

Los agrupamientos o *clusters* que integran la organización están conformados normalmente por personas que comparten un capital humano más o menos similar. La organización, cuando contrata, invierte en ese capital humano. Pero el retorno de esa inversión depende siempre de que se activen los vínculos entre los miembros del grupo y entre los grupos (dentro y fuera) de la organización, porque solo la existencia de redes permite que el capital humano se convierta en capital social. Si el programa de capacitación no reconoce estos vínculos (a veces verticales, a veces transversales a distintas instancias de organización), probablemente esté diseñando para una realidad seriamente desvirtuada o, por lo menos, parcialmente comprendida. A continuación ofrecemos un ejemplo del tipo de relaciones que proponemos relevar.

Redes, capacitación y construcción social del conocimiento

Para explicar los procesos descriptos, necesariamente los hemos hecho más complejos. Sin embargo, esa dinámica de aprendizaje puede observarse como parte de la vida cotidiana en las organizaciones. A continuación presentamos el caso real de un intento exitoso de cambio, dotado de un buen diseño y una buena ejecución relativamente simples y clásicos. No pretendemos convertirlo en un modelo a seguir "punto a punto", sino ilustrar una comprensión de los procesos que supone.

Graciela Kort, colega de amplia trayectoria y consultora especializada en capacitación y desarrollo, participó activamente en la experiencia que aquí se narra, la cual tuvo lugar a comienzos de la década de 1990. Se trataba de una empresa productora de artículos de limpieza argentina que una corporación internacional recientemente había adquirido. Los nuevos dueños revisaron los procesos de producción y detectaron importantes oportunidades de mejora tendientes tanto a elevar la calidad de los productos como a reducir costos que no agregaban valor, generados por ineficiencias evitables.

La estrategia elegida para aprovechar esas oportunidades fue implementar un Programa de Mantenimiento Productivo Total (TPM, por sus siglas en inglés). El TPM fue desarrollado por el Japan Institute of Plant Maintenance, dado a conocer en 1971 y reformulado en 1989. Cuando la compañía internacional compró la empresa argentina de productos de limpieza, el TPM era considerado una innovación tan destacable en el marco de la ingeniería de procesos como la digitalización lo es en nuestros días. La clave de intervención del Programa es (y era) prevenir y abordar mediante acciones de mantenimiento, por una parte, las causas de averías que obligan a detener la producción y, por otra, los desajustes que generan productos defectuosos y un incremento evitable del desperdicio. Así, el TPM propone un enfoque del mantenimiento centrado en eliminar las pérdidas en producción conservando los equipos en condiciones de producir con la calidad esperada a su capacidad máxima, sin paradas o detenciones no programadas. Para hacer posible estos objetivos, es necesario que el mantenimiento deje de ser una responsabilidad exclusiva de cierto sector de la organización (por ejemplo, el área de Mantenimiento) y que el personal de producción tenga los saberes necesarios como para hacerse cargo del mantenimiento operativo del equipamiento con el que trabaja.

En la experiencia que estamos presentando, la implementación del TPM requería una capacitación específica y el management decidió encararla con BK Capacitación + Desarrollo[19], una consultora dirigida por la colega Gracie-

---

19   Su sitio web es https://www.bkcapacitacion.com.ar/

la Kort (quien nos compartió el caso) y Débora Bronstein, su socia. La corporación internacional compradora tomó esa decisión considerando los resultados positivos ya obtenidos en otras ocasiones con los servicios de estas profesionales. Ambas habían trabajado pocos meses antes en el diseño técnico de una capacitación que incluía un curso dirigido al sector de Soplado de la planta. Aunque el objetivo del curso había sido relativamente limitado, se creó un vínculo de familiaridad entre las consultoras y la gente de Relaciones Industriales. Por su parte, el gerente de esa área (Adrián) había percibido que la Gerencia de Calidad necesitaba apoyo y orientación para desempeñar su papel con mayor protagonismo y, en consecuencia, les preguntó a las consultoras qué podían hacer para colaborar en ese proceso. Así comenzó a conformarse una red de programa de capacitación que empezaba a darle apoyo político no solo al TPM sino también a la creación de nuevas redes de práctica. Los integrantes de la red de programa habían construido y compartían no solo una percepción del problema a abordar (reducción de costos vía instrumentación del TPM), sino además la confianza en que la capacitación era una alternativa razonable para abordarlo. Como dijimos más arriba, la red de programa en conformación incluía tanto a los actores involucrados internos y externos, como los acuerdos alcanzados y la factibilidad técnica para hacerlos realidad. La red, a su vez, analizó conjuntamente las demandas (implementación del TPM y fortalecimiento del rol de la Gerencia de Calidad) y decidió convocar también al consultor Raúl Molteni[20], ingeniero especializado en metodologías de Mejora Continua.

Luego de acordar cuáles eran los principales focos que debían abordarse para introducir el TPM, la red de programa

---

20 Para más información, puede consultarse su portal de internet: https:// www.imcgconsulting.com/

decidió realizar una presentación a la alta gerencia sobre las tendencias actuales en materia de calidad. La actividad resultó exitosa y, por lo tanto, se llevó a cabo también –aunque modificada en su tratamiento– ante jefes y supervisores. De este modo, la red de programa buscaba sensibilizar a estos estamentos sobre la relevancia del TPM en orden a fortalecer el apoyo político a la capacitación, y ganar la adhesión y el compromiso de los diversos niveles jerárquicos de gestión.

El TPM identifica ocho pilares para su instrumentación: mejoras orientadas; mantenimiento autónomo; mantenimiento planificado; mantenimiento de calidad; educación y entrenamiento; seguridad y medio ambiente; áreas administrativas; y prevención del mantenimiento. La red de programa definió cuáles serían los primeros pilares en ser abordados. Cada uno de ellos quedó a cargo de personas –a quienes se denominó "líderes"– provenientes de las áreas de Calidad, Mantenimiento y Producción. Esta conformación buscaba impulsar una reformulación de las relaciones e identificaciones internas mediante el tendido de puentes que permitieran construir nuevos vínculos entre redes de práctica —hasta entonces, funcionando como compartimientos estancos— puestas en un pie de igualdad.

En el marco de la red de programa, Adrián —el gerente de Relaciones Industriales— planteó que uno de los valores culturales que debía instalarse era "hablar con datos", es decir, con respaldo empírico definido y concreto. Asimismo, propuso impulsar el establecimiento de un lenguaje compartido y criterios comunes entre los diferentes grupos de trabajo a fin de facilitar el intercambio de información y experiencias. Esto significaba nada menos que poner en evidencia, explicitar, la existencia de los "dialectos" propios de cada "provincia" (esto es, los términos en que las áreas de la compañía y los sectores de la planta se referían y definían sus realidades y sus prácticas). Esto puede parecer, a primera vista, un cambio sencillo de introducir. Sin embargo, implicaba reconocer las fronteras existentes entre las áreas y poner sobre la mesa la necesidad de pensar en el modo de hacer comunicable y comprensible a "los extranjeros" sus saberes, sus tareas, sus desafíos y su experticia específica. Para la red de programa, reconectar los vínculos entre sectores sobre estas bases permitiría que los procesos proveedor interno-cliente interno fueran mucho más que líneas y flechas en un diagrama de flujo.

Otra demanda planteada por el gerente de Relaciones Industriales fue el dictado de un Curso de Proceso de Solución de Problemas (PSP). Luego de evaluar si convenía hacerlo tomando un caso ficticio (provisto por los consultores) o uno real, los representantes de la empresa eligieron la segunda opción ya que –según decían– tenían un caso "casi armado". Se trataba de un asunto crónico, que se arrastraba desde hacía siete años, originado en el sector de Soplado: "la Brikem", una máquina que producía botellas. El problema afectaba el nivel de producción del sector de Envasado (es decir, al cliente interno correspondiente), ya que algunas botellas salían falladas y estallaban cuando eran llenadas. El derrame de los líquidos (recuérdese, artículos de limpieza cuyos componentes químicos requieren precauciones específicas de manejo) imponía una interrupción del trabajo y afectaba el índice de producción medido en cantidad de paradas de máquina.

Cuando las consultoras tomaron contacto con los materiales que daban soporte al caso "casi armado", se encontraron con una carpeta que registraba sin demasiado método datos muchas veces mal seleccionados o mensurados, que no agregaban demasiado valor. Con inteligencia, las profesionales leyeron en este registro no un problema circunstancial de falta de precisión sino una dificultad más profunda: faltaba una comprensión colectiva del proceso en el que los actores estaban involucrados. Esto se conecta con el concepto de aprendizaje como un fenómeno social: las partes que contribuían al proceso no podían anticipar con precisión suficiente qué harían sus clientes internos con el producto de su práctica. Insistimos: el proceso de producción –¡obviamente!– estaba diseñado y, en principio, no había objeciones técnicas. Sin embargo, para que ese diseño aprovechase todas las oportunidades de reducir al máximo sus ineficiencias e incrementar la calidad y el nivel de producción, debía tematizarse la necesidad de converger en un idioma común, aun cuando cada "pueblo" conservara el acento, el "cantito" de su "terruño", expresado en la mirada particular que debían mantener quienes –por ejemplo– lidiaban con el envasado o se ocupaban de la producción de envases.

En vista de la situación, la red de programa optó por que la capacitación se realizara trabajando en un problema real y, así, ir recorriendo el proceso de construcción del caso con los participantes: obsérvese que el insumo y el producto de la capacitación son casi lo mismo. El importante acuerdo alcanzado en los niveles gerenciales y de jefaturas, así como la factibilidad que proveían los recursos que ponía a disposición la organización (inversión en instrumentación del TPM, incluyendo la habilitación de la constitución de la red de programa y la contratación de especialistas externos), crearon un escenario propicio para la actividad de capacitación.

Antes de entrar en el diseño de la actividad, se hizo un relevamiento conversando con los protagonistas del problema a fin de establecer cuáles eran las relaciones reales que definían sus situaciones en la organización y sus pertenencias a las comunidades y redes de práctica existentes. Se habló, entre otros, con el así denominado Líder del Pilar de Mejora Orientada, con el jefe de Mantenimiento, el gerente de Calidad, el de Producción, y un maquinista de Envasado. Estos encuentros pusieron de manifiesto que cada entrevistado se pensaba a sí mismo trabajando en un mundo aparte, lejos de un compromiso proveedor-cliente interno. Su pertenencia y su identidad tenían que ver con un área, no con un proceso. ¿Esto significa que el trabajador de Soplado desconocía por completo cuál era la misión del área de Envasado? No. Pero la operacionalización concreta de esa misión le resultaba desconocida o solo podía imaginarla: no había un sentido socialmente construido y compartido por sus protagonistas del proceso soplado-envasado.

A fin de optimizar los procesos productivos mediante un replanteo de las acciones de mantenimiento, el TPM creaba ejes de intervención (los ocho pilares mencionados más arriba) y reformulaba la organización de las personas comprometidas con cada pilar. Quienes trabajarían en estos se convirtieron de algún modo en los "elegidos" por la empresa para trabajar desde una nueva posición de abordaje de los problemas de producción. El "líder" del pilar estaba muy orgulloso de su designación, pero no lideraba, esa no era "su gente". Consideraba también que no necesitaba hacer curso alguno porque ya había hecho uno: he aquí la visión "vacunatoria" de la capacitación que discutimos oportunamente, no ya en boca de quien la diseña o implementa, sino de su "beneficiario". En consecuencia, la red de programa identificó como obstáculo que los destinatarios de la capacitación –al menos por el momento– no percibían la importancia de compartir un espacio de participación, interacción y diálogo con otros miembros de la organización involucrados en el proceso de producción.

Cabe subrayar que, por su propia lógica, el TPM ponía en cuestión la compartimentación detectada de los procesos productivos y, por tanto, obligaba a revisar identidades, así como la conformación y la pertenencia a las redes de práctica. Por ejemplo, el jefe de Mantenimiento consideraba que el hecho de que la gente se hiciera cargo del mantenimiento operativo y la lubricación de la maquinaria lo obligaba a asumir un rol preventivo que le resultaba nuevo. Las resistencias no tardaron en manifestarse: "La gente no está preparada. Cada vez que meten mano en una máquina, la dejan peor", decía. El gerente de Calidad, por su parte, quería participar. Aunque no deseaba quedar excluido, carecía de la experiencia necesaria para proponer algo. El maquinista de Envasado entrevistado, en tanto, consideraba que el problema era "los de Soplado", esos "otros" empíricamente desconocidos y apenas imaginados en sus responsabilidades y prácticas: "Como me mandan botellas con rebarbas o pedazos de plástico que no se desprendieron, revientan justo cuando las llenamos. Yo tengo un montón de tiempo de máquina parada por eso". Cuando se le preguntó cuánto tiempo era "un montón", no pudo responder con cierta precisión. No había datos. El gerente de Producción, por su parte, notaba que tenía "buenos bomberos", personas colaboradoras que intervenían ante la irrupción de una emergencia o un imprevisto. Pero reconocía también que la nueva tónica de trabajo vinculada con la instrumentación del TPM demandaba "encontrar soluciones y no un mayor número de paliativos".

Es importante notar que la experiencia que nos narró Graciela Kort muestra con claridad un caso en que la capacitación tiene un fuerte componente de *team building* y donde los contenidos son a la vez insumo y, fundamentalmente, producto del trabajo conjunto. A medida que más gente se incorporaba al proyecto, las necesidades aparecían más claras y se entendía mejor en qué medida las formas institucionalizadas de trabajo construyen mentalidades e identidades. Aunque al principio se había previsto que la capacitación actuara únicamente sobre el proceso técnico, la red de programa descubrió tempranamente que existían cuestiones sociales clave que debían trabajarse; y ese hallazgo, de por sí, significaba un conocimiento nuevo para la organización: desde el inicio, estaba aprendiendo[21]. La red

---

21 La acción transformadora de la capacitación, más allá de su envergadura, comienza mucho antes de la "impartición" de los contenidos. Ver Gore, Ernesto: *Conocimiento Colectivo. La formación en el trabajo y la generación de capacidades colectivas*, Buenos Aires: Granica, 2003.

de programa construyó socialmente el sentido de los datos recogidos durante el relevamiento: indicaban dificultades –que no habían sido identificadas de antemano– ligadas básicamente a la comunicación y la organización. Con el acuerdo alcanzado por la red de programa, la capacitación hizo lugar a estos temas y adicionó dos encuentros. Esto nos confirma, una vez más, que un problema técnico nunca es solamente técnico: es siempre también una cuestión social y política, se trate de la implementación del TPM o la migración del ámbito presencial al virtual de cualquier actividad pública o privada.

Si leemos el proceso de *team building* referido en este caso desde las coordenadas de acuerdo y factibilidad (Figura 14), se vuelve más claro por qué el armado de la red de programa es necesariamente un paso previo para el dictado de un curso que pretenda ser efectivo. Hasta el momento de la decisión de introducir el TPM, la empresa de productos de limpieza funcionaba más aferrada a su organigrama y dependencias/alineamientos verticales jerárquicos que al proceso de producción. Las dependencias/alineamientos horizontales montados sobre vínculos de proveedor y cliente internos, en la práctica, quedaban desdibujadas, carentes de eficacia, libradas –en los hechos– a la imaginación de estas "islas mal conectadas". Así, Soplado más bien se imaginaba qué envases necesitaba Envasado, porque nunca se habían reunido y conversado franca y extensamente sobre las necesidades de unos y las posibilidades de los otros. Tampoco el management había promovido o alentado expresamente hasta entonces la institución de canales efectivos de intercambio en el marco de los cuales los sectores involucrados en los procesos –guiados por reglas claras y en un ambiente de respeto y confianza– pudieran compartir y discutir prácticas, buscar complementariedades y sinergias, descubrir oportunidades de innovación. ¿Se trataba de un déficit del management? Una evaluación de ese tipo debería reconstruir con mayor precisión si, hasta el momento en que se fecha nuestro caso, la compañía había requerido promover el aprendizaje organizacional y la innovación como formas de evolución adaptativas que acompañaran los cambios de su ambiente. Tal vez el viejo taylorismo había resultado hasta poco antes una adaptación exitosa que no demandaba ser removida.

Cuando las consultoras en capacitación fueron convocadas por la organización para implementar el TPM, pronto comprendieron que la dinámica de trabajo instituida –compartimentada, y que continuaba reproduciéndose en forma inercial– debía problematizarse en conjunto con todos los actores involucrados, de manera intersectorial y sin distinción de jerarquías ni pertenencias. El curso debía proveer los contenidos relevantes para el TPM, pero lo más importante era sortear los obstáculos que creaba la lógica vertical. Aunque para el analista externo pueda parecer trivial, para los protagonistas era un problema que la capacitación obligara a hablar de fallas producidas por un sector (Soplado) y que estas se pusieran en evidencia ante otros sectores y áreas (Envasado, Calidad, Relaciones Industriales).

Los conocimientos que los operarios dominaban se fundaban –en gran medida– en el uso cotidiano de las máquinas; se trataba, en la mayoría de los casos, de un saber tácito y difícilmente transmisible sin una observación directa de la práctica concreta. Recuerde el lector cuando describíamos el "ojo de buen cubero" con que el ebanista definía cuánta torsión soporta una madera, o con que el negociador daba por convenientemente cerrado un contrato. A este conocimiento muy personal y con frecuencia sin conexión con un método conceptualizado, se sumaba en muchos casos la falta de un manejo fluido de la lectoescritura; esto representaba un problema a la hora de abordar el trabajo siguiendo un proceso racional con herramientas estadísticas, que permitieran establecer una cultura de "hablar con datos", como había pedido el gerente de Relaciones Industriales.

Analizar y discutir las prácticas de unos en un pie de igualdad con personas de otros sectores y áreas eran una forma nueva de trabajo, más aún si se hacía no para definir culpas sino para aprender. De algún modo, todo eso era como desvestirse en público y, por lo tanto, exigía que el management –en ejercicio de sus responsabilidades distintivas– concitara el respeto y la confianza del conjunto; este era un requisito indispensable, tan importante como los contenidos mismos que debían aprenderse.

El armado del curso de capacitación y la recolección de datos para discutir fueron generando una red de nuevas prácticas compartidas que permitían pertenecer al grupo del pilar correspondiente del TPM superando los factores que hasta entonces obstaculizaban la participación. A medida que se avanzaba, fue quedando claro –por ejemplo– que la Brikem (la máquina responsable de los envases defectuosos) tenía problemas de calibración. Era probable que el fabricante brindara las instrucciones de mantenimiento al operador que inauguró el uso de la máquina; pero nadie estaba seguro de ello, porque ese trabajador hacía años que había dejado la empresa. Lo cierto es que, al momento de hacerse la capacitación, quedó claro que hacía muchísimo tiempo que la calibración se venía haciendo intuitivamente, por ensayo y error. De esta forma, el avance del curso iba resultando en aprendizajes para todos los participantes, alumnos, expositores y organizadores. Había una red de práctica que cambiaba sutilmente la realidad de la organización en la medida en que se modificaba ella misma.

Las comunidades de práctica, hasta entonces limitadas al involucramiento en silos estancos, comenzaron a crecer en imágenes diferentes de la organización y nuevas formas de alineación, basadas en procesos más que en organigramas. Conversaciones simples, como la discusión que abrió el uso de la herramienta, revelaron que convivían etiquetas diferentes para las mismas cosas: por ejemplo: "puesta a cero" tenía distintos significados para diferentes jugadores. Cotidianamente se hablaba de puesta a cero; pero mientras que para algunos significaba poner la máquina en las condiciones que la entregó el proveedor, para otros suponía dejarla en las condiciones de su momento de máxima producción. Esto representaba una gran diferencia. Los integrantes de la organización y, en particular, los implicados en un mismo proceso productivo, convivían nombrando acciones y estados distintos con los mismos términos (por ejemplo, "puesta a cero"). El aula puso a disposición el espacio que permitió hablar y fundamentar aquello que se daba por sentado. Cuando se trabaja con una red que comparte una práctica, a veces el aula es un buen lugar para que esa red entienda y transforme su propia práctica. Desde luego, debe ser un aula habilitada por la red de programa para poner en valor los saberes de sus participantes en un marco de confianza y respeto, que esté comprometida con la construcción social del conocimiento, que busque enriquecer las prácticas detectando y proveyendo las herramientas que demanden, y que aliente la identificación y el aprovechamiento de las oportunidades de innovación.

En cuanto a los resultados del trabajo sobre la Brikem, el Proceso de Solución de Problemas permitió encontrar una causa raíz de la descalibración que motivaba fallas en las botellas. La solución no solo no requería inversión, sino que permitió aumentar la productividad de la máquina en un 25%. El problema no era la máquina: era la red humana que la operaba. Pequeños cambios, conversaciones llanas, fueron generando nuevas formas de interacción, vínculos distintos, prácticas diferentes y reconfiguración de redes.

La situación que describe el caso es bastante frecuente y muestra cómo –más allá de los cambios excepcionales, importantes y planeados– las necesidades adaptativas son permanentes. Toda organización viva está en permanente transformación. El cambio organizativo es más significativo cuando no es un acontecimiento excepcional sino que se incorpora a la dinámica organizativa de rutina. Cuando esto se logra, no hay "resistencia al cambio" ni amenazas ni temores, sino solo un enriquecimiento de la cultura organizativa. El cambio se asume como una parte natural, saludable y deseable de la vida cotidiana.

Aunque lo hemos señalado en varias oportunidades, conviene volver a subrayar la importancia de la confianza: bien analizado, resulta claro que el principal activo con que se contaba para comenzar a pensar una capacitación era una pequeña red de confianza entre los actores externos (consultoras) y los internos (operarios, supervisores, jefes y gerentes). La red de programa, con inteligencia, trabajó en la expansión de ese ambiente, y probablemente ese movimiento haya sido un elemento determinante del éxito del proyecto de capacitación e instrumentación del TPM. Obsérvese que el armado del curso llevó a la constitución de una pequeña red (la red de programa): su existencia era tácita y se daba en los intercambios que fueron llevando a la constitución del programa de capacitación. No es aventurado decir que en las conversaciones sobre la forma del curso se fue modelando también una idea de cuáles eran los problemas técnicos y organizativos involucrados y, en consecuencia, los cambios que era necesario encarar con los recursos disponibles. El curso en sí consistió más que nada en la incorporación de los demás participantes a esta red transformadora.

Lineamientos básicos para un programa de capacitación

En distintas oportunidades hemos definido "aprendizaje" como la capacidad de hacer cosas que antes no podíamos realizar. Hemos dicho también que el aprendizaje es un fenómeno mucho menos individual y más social de lo que solemos creer: aprender, participar e integrarse son aspectos de un mismo proceso social. La capacitación, en tanto, debe concebirse como parte de un proceso mayor de generación de nuevas habilidades organizacionales; entre otras, la habilidad de crear (o recrear) una red de programa de capacitación, la habilidad de identificar un mayor número de actores que puedan aportar y/o beneficiarse de la actividad, la habilidad de crear un programa de capacitación que articule orgánicamente las actividades. Para que esto ocurra, si bien los contextos pueden ser muy diversos, es preciso tomar ciertos recaudos para que el proceso de capacitación resulte efectivo.

Manejar marcos temporales amplios. A diferencia de la educación en la escuela, la capacitación en las organizaciones está destinada a la práctica en el lugar de trabajo. Cuando la educación en la empresa adopta irreflexivamente los parámetros de un modelo escolar de aprendizaje individual, solo tiene en cuenta los tiempos que demanda al individuo alcanzar ciertos objetivos de aprendizaje (que en muchos casos suelen ser suficientes para repetir conductas, pero que no siempre implican la comprensión necesaria para actuar frente a circunstancias diversas). Para que la capacitación impacte efectivamente y genere una nueva capacidad organizacional, debe contemplar tanto los tiempos del sujeto como los tiempos necesarios, por una parte, para conformar una red de programa que brinde apoyo político a la capacitación y, por otra, después de la actividad, para que las redes conecten los distintos colectivos implicados. Recordemos siempre que la constitución de la red de programa es un momento activo del aprendizaje organizacional, no es previa a la capacitación, sino parte esencial de la misma ya que implica la toma de conciencia con respecto a los sectores involucrados necesarios para poner en acción lo que haya sido acordado.

Considerar el macrodiseño de la actividad como una acción participativa y como parte del proceso de generación de capacidades colectivas. Es bueno arrancar cualquier programa importante con una actividad de construcción de equipo o *team building*, donde participen todos aquellos que puedan tener algún interés en los cambios esperados o que tengan algo que aportar. La actividad de *team building* es una experiencia participativa, que permite a los actores reconstruir y compartir un cuadro general de crucial importancia para el proceso de aprendizaje.

El trabajo de *team building* debe entenderse, en sí mismo, como parte del proceso de capacitación y no como una preparación para abordarlo. Una organización que esté manteniendo las conversaciones necesarias para elaborar definiciones como las que mencionamos (quiénes deben conformar la red de programa, a quiénes –y de qué manera– implica el problema central que el programa de capacitación abordará, etc.) ya estará construyendo capacidades colectivas en la organización. Tendiendo puentes entre comunidades de práctica, y revisando o reconfigurando sus conexiones. Está, en muchos casos, buscando acceder a redes externas a través de expertos o consultores. En suma, una organización que está haciendo esto ya se está capacitando, ya se encuentra creando nuevas capacidades. Desde esta perspectiva, el *team building* es parte del proceso de capacitación y no una instancia previa más: la eficacia de un programa de capacitación depende fuertemente de lograr un auténtico *team building* como etapa fundacional, base sólida de la capacitación.

El *team building* debe asegurar el compromiso de los actores organizacionales. Esto supone –entre otras cuestiones– que el diseño y el seguimiento del programa de capacitación no puede delegarse simplemente en especialistas (internos o externos). Diseño y seguimiento requieren de una participación real de todos los grupos implicados. Con independencia de la especificidad de los aportes individuales que los integrantes de la red de programa puedan hacer, es preciso que, como grupo o como equipo, establezcan consensos en torno a ciertos parámetros, a saber:

- objetivos explícitos o hilos conductores que asume el programa, incluyendo todos los puntos de vista relevantes respecto de esos objetivos;
- además de las centrales, otras expectativas respecto del programa que deberían tenerse en cuenta;
- principales destinatarios del programa y grupos que estarán participando, aunque no asistan a las clases;
- visión común del problema; y
- tipo de compromisos que es necesario generar para que los aprendizajes sean llevados a la práctica efectivamente.

Identificar coaliciones y grupos implicados Preguntarse por el tipo de contacto y de relación que guardan entre sí las diferentes comunidades de práctica es central. Muchas veces el "tema" de la capacitación es apenas una coartada para explorar las fronteras entre grupos, donde suele construirse el conocimiento organizacional y producirse la innovación. Es imprescindible entender que esas construcciones no son un resultado marginal del programa, una suerte de epifenómeno que no determina el "éxito" de la capacitación. Por el contrario, es su producto más sólido, ya que se levanta sobre el cimiento de la práctica compartida, muchas veces disparada a partir de un tema de capacitación que cede lentamente su protagonismo para propiciar el intercambio y la construcción colectiva. Cuando la capacitación, por el contrario, se "conforma" (más bien, se resigna) al éxito en términos de aprendizaje individual, estos probablemente lleguen estériles a una práctica en común con la que no han sido articulados.

Preguntarse por los aprendizajes colectivos. El propósito de un programa de capacitación es modificar de algún modo y en algún grado las prácticas de rutina, esto es, las conductas coordinadas de los miembros de la organización. Vale la pena repetir: la unidad de análisis del comportamiento organizacional nunca es un individuo, sino al menos dos.

Cada persona ajusta sus contribuciones y las subordina a sus propias representaciones de lo que los otros harán. Por esta razón, toda capacitación demanda: 1) identificar la rutina y el colectivo que la desempeña; y 2) establecer cuáles son las representaciones actuales que los miembros de la organización implicados tienen sobre cómo sus conductas se vinculan con las de otros. Ambas tareas exigen que los participantes expliciten prácticas que, con frecuencia, implican conocimientos tácitos. Un propósito clave de la capacitación es lograr que se tome conciencia precisamente de esos saberes no dichos a fin de que, de ese modo, puedan ser sometidos a análisis, crítica y reconsideración.

El trabajo en la actividad de capacitación suele poner en evidencia, naturalmente, quiénes aprenden con quiénes y quiénes hablan con quiénes sobre qué temas. Recordemos que la capacitación no "inocula" saberes que los individuos trasladarán a sus respectivas prácticas espontáneamente. Los conocimientos deben co-construirse en una práctica que devele las conductas que deben coordinarse. Por lo demás, recordemos que en las organizaciones el objetivo excluyente de un programa de capacitación es modificar la práctica, lo cual requiere que los involucrados logren construir conjuntamente un nuevo significado de los desafíos que deben afrontar con las nuevas prácticas que han sido convocados a elaborar.

Ampliar el papel de los expertos. Los consultores pueden desempeñar diferentes funciones: actuar como sostén político, como asesores, como instructores, facilitadores o *coaches*, como mediadores y como diseñadores de las actividades. La definición de su rol es tarea también de la red de programa. De lo contrario, el aporte experto convocado no podrá ser "metabolizado" de la manera en que las búsquedas y los objetivos de la organización lo requieran.

Establecer los criterios e indicadores de seguimiento y evaluación. Esta es la manera de asegurar que el programa de capacitación no sea como un mensaje dentro de una botella lanzada al mar. Evaluación y seguimiento no solo permiten identificar los resultados de la capacitación en términos de logros, dificultades y oportunidades detectadas. Es también una forma efectiva de evaluar y liderar la capacidad de la organización de darse los métodos y las herramientas para aprender.

A continuación, enunciamos algunas preguntas que pueden colaborar en el establecimiento de los criterios e indicadores de seguimiento y evaluación:

- ¿Cómo se ha desarrollado el proceso de acuerdos y decisiones que llevó a construir la necesidad del programa?
- ¿En qué grado el diseño de capacitación refleja los acuerdos y las decisiones previos?
- ¿Pueden algunos aprendizajes específicos instituirse en nuevas prácticas? ¿Cuáles son esas prácticas y cuáles los colectivos que deben desempeñarlas?
- ¿Hay formas de enseñanza organizativa, instituidas en regulaciones, modelos de desempeño o supuestos cognitivos, que faciliten o dificulten los aprendizajes?
- ¿Qué problemas surgen al intentar poner en práctica los nuevos aprendizajes?
- ¿Qué indicadores se considerarán en la medición del desempeño?

Es preciso subrayar que los indicadores (siempre observables, generales y significativos) son imprescindibles: no hay proceso de capacitación completo si no se lo evalúa durante su desarrollo y posteriormente. La creación de indicadores y su empleo en la evaluación son necesarios para guiar la acción, permitiendo a los actores involucrados apropiarse mejor del proceso de generación de nuevas habilidades organizacionales. Por lo demás, debe preverse que, además de indicadores comunes a todos los involucrados en la capacitación, las comunidades y redes de práctica desarrollen, además, parámetros para sus prácticas más específicas. Más allá de su particularidad, poner en común los resultados arrojados por esos parámetros con todos los participantes de la capacitación forma parte también del proceso de construcción de conocimientos.

Problematizar periódicamente el concepto y las formas de circulación del conocimiento. Resulta clave que la organización revise metódicamente los encuadres conceptuales en que se basa su idea de "conocimiento" y cómo este se elabora.

Buena parte de la literatura especializada "cosifica" el conocimiento organizativo, sobre todo en los casos de las organizaciones dedicadas específicamente a la producción intelectual. El conocimiento se convierte así en una posesión, una propiedad[22]. Sin embargo, este enfoque no resulta adecuado para dar cuenta del conocimiento presente en la práctica individual y grupal, al tiempo que convierte al conocimiento explícito como el único a tener en cuenta. De este modo, esos saberes que dan vida a las prácticas organizacionales, en caso de no poder explicitarse o sistematizarse, quedan fuera de cualquier consideración a la hora de

---

22   Cook, S.D.N., y John Seely Brown. "Bridging Epistemologies: The Generative Dance Between Organizational Knowledge and Organizational Knowing." *Organizational Science* 10, N° 4 (julio-agosto de 1999): 381-400.

gestionar el conocimiento: es excluido de una capacitación (de cualquier índole) y del repertorio de los recursos con potencial para generar innovación.

Resulta conveniente tratar el conocimiento y la capacidad de conocer como dos factores diferentes que se potencian mutuamente: el conocimiento es un aspecto de la interacción con el mundo social y físico y, por ende, una herramienta para conocer. De este modo, el conocimiento existente y la actividad de conocer generan nuevo conocimiento y nuevas formas de conocer.

Impulsar las redes de aprendizaje más allá de la organización. Esto implica explorar y explotar las posibilidades de colaboración con otras organizaciones y grupos, por ejemplo, con proveedores, clientes, organizaciones no gubernamentales, organizaciones de gobierno, e instituciones dedicadas a la investigación y la educación. Siempre hay mucho más conocimiento fuera de la organización que dentro de ella. Por esta razón, tan peligroso como no construir el conocimiento interno es ignorar el que se desarrolla y crece fuera de sus fronteras.

Elegir un mapa y emprender la marcha

Este libro se funda en la idea de que el aprendizaje solo puede ser entendido como un fenómeno social. No es un hecho intelectual que se da en forma individual dentro del cráneo de una persona, sino un fenómeno que puede ser entendido solo como parte de un proceso de pertenencia y participación.

Hemos tomado como ejemplo de ese proceso la vida en las organizaciones, ya que, por el protagonismo que estas han tomado en nuestra sociedad, han sido especialmente observadas en este aspecto, sobre todo en las últimas décadas. Hoy en día se caracteriza el aprendizaje en las organizaciones como un ejercicio de adaptación, fundado en la lectura del contexto por parte de sus miembros y en la construcción colectiva de respuestas adaptativas a través de la modificación más o menos coordinada de sus prácticas. Como aquellos soldados perdidos en los Alpes que lograron volver a su base empleando un mapa equivocado, la puesta en marcha de ese movimiento de búsqueda adaptativa es promovida por el "mapa" que las redes que funcionan dentro de la organización van construyendo. La forma que el mapa vaya tomando tendrá que ver con los vericuetos del camino que debe ser recorrido pero también con las creencias, asimetrías y desequilibrios de poder que existan en la red que lo construye, por eso hemos dicho que se trata de un tipo de conocimiento que varía con la calidad de los vínculos.

Tal como hemos dicho, al momento de escribir estas páginas la humanidad se encontraba sacudida por una pandemia que ponía en cuestión todas las prácticas vigentes.

La realidad imponía redibujar nuestros mapas. Este capítulo, elaborado en plena tormenta, se propone un ejercicio: conectar un momento literalmente extraordinario, profundamente desconcertante por su excepcionalidad, con nuestro análisis de la organización como un fenómeno de aprendizaje colectivo. No se trata de presentar el análisis acabado de una multiplicidad compleja de eventos en desarrollo, sino de una aproximación de nuestro abordaje a una escala global.

Seguramente quienquiera que nos esté leyendo lo hará con los acontecimientos mucho más avanzados, con algunos cursos de acción, experiencias y desenlaces conocidos y hasta evaluados. Esa situación, probablemente, le ofrezca la ventaja de entender mejor las dificultades de hacer, aprender e innovar cuando el entorno se vuelve desconocido, amenazador, oscuro.

Un mundo opaco

El 11 de marzo de 2020, el doctor Tedros Adhanom Ghebreyesus, director general de la Organización Mundial de la Salud (OMS), abrió una conferencia de prensa con una alocución en la cual, por primera vez, se admitió formal y públicamente que la propagación del COVID-19 podía considerarse como una pandemia. Y agregó:

"Pandemia" no es una palabra que deba utilizarse a la ligera o de forma imprudente. Es una palabra que, usada de forma inadecuada, puede provocar un miedo irracional o dar pie a la idea injustificada de que la lucha ha terminado, y causar como resultado sufrimientos y muertes innecesarias. El hecho de describir la situación como una pandemia no cambia la evaluación de la OMS de la amenaza que representa este virus. No cambia lo que la OMS está haciendo, ni tampoco lo que los países deben hacer. (…) Al mismo tiempo, nunca antes habíamos visto una pandemia que pudiera ser controlada. Todos los países deben encontrar un delicado equilibrio entre la protección de la salud, la minimización de los trastornos sociales y económicos, y el respeto de los derechos humanos.

Esto no es solo una crisis de salud pública, es una crisis que afectará a todos los sectores, y por esa razón todos los sectores y todas las personas deben tomar parte en la lucha. (…) Los países deben adoptar un enfoque basado en la participación de todo el gobierno y de toda la sociedad en torno a una estrategia integral dirigida a prevenir las infecciones, salvar vidas y reducir al mínimo sus efectos. Permítanme que lo resuma en cuatro esferas clave. Primero, prepararse y estar a punto. Segundo, detectar, proteger y tratar. Tercero, reducir la transmisión. Cuarto, innovar y aprender (Ghebreyesus, 2020).

Poco tiempo después, los hechos mostraron con claridad que la OMS no estaba exagerando, al menos en el tremendo impacto que la pandemia iba a tener a nivel global en todos los ámbitos de la actividad humana, incluyendo desde las prácticas cotidianas ligadas a lineamientos culturales sólidamente instalados, pasando por el jaqueo a las economías del mundo y al intercambio internacional –de consecuencias impredecibles–, hasta los liderazgos y regímenes políticos actuales. A fin de ayudarnos a comenzar a construir alguna clase de sentido en torno a este contexto radicalmente imprevisible, opaco, consideramos útil revisar la visión del historiador y filósofo israelí Yuval Noah Harari, autor que propone leer la evolución de la humanidad haciendo eje en dos capacidades clave: imaginar y cooperar. Mencionar algunas de sus conclusiones nos lleva casi necesariamente a notar un cierto paralelismo entre las formas de aprendizaje colectivo que se dan tanto a nivel organizativo como de la humanidad globalmente considerada.

Imaginación y cooperación

Una de las piezas arqueológicas emblemáticas del Paleolítico Superior es el "hombre león", una estatuilla realizada en marfil de mamut de aproximadamente 38.000 años de antigüedad. Esta figura fue hallada en 1938 en la cueva de Hohlenstein-Stadel, en el estado alemán de Baden-Wurtemberg. Olvidados desde la Segunda Guerra Mundial, treinta años después los trozos de la estatuilla fueron redescubiertos por Joachim Hahn –un arqueólogo especializado en el estudio de ese período prehistórico– cuando hacía un inventario en el Museo Ulmer. Sometido entonces a una primera reconstrucción, el hombre león fue catalogado como un exponente singular de la cultura Auriñaciense. Más tarde, en 1997, Ute Wolf y Elisabeth Schmidt restauraron la figura y, en 2012, el arqueólogo Claus-Joachim Kind aportó nuevos fragmentos encontrados en la misma cueva de Hohlenstein-Stadel.

Respecto del hombre león, Harari[1] señala que el ser representado es pura invención, pura imaginación; es decir, no reproduce una realidad captada a través de los sentidos, sino que representa una idea del escultor. En este contexto, se entiende por "imaginación" la capacidad humana de representar mentalmente entidades de cualquier tipo, sean concretas (una manzana) o abstractas (el número 2), consideradas por nosotros reales (un perro) o imaginarias (un dragón), y demás variantes.

---

1. Harari, Yuval Noah. Sapiens. *De animales a dioses. Breve historia de la humanidad.* Madrid: Debate, 2015.

Harari conecta la imaginación con la pregunta acerca de por qué la especie humana fue capaz de sobrevivir y adueñarse del mundo. De los cinco grandes primates (el chimpancé, el gibón, el gorila, el orangután y el homo), la supervivencia del autodenominado *homo sapiens* –según este autor– se debe no tanto a su capacidad craneana individual para alojar el cerebro sino a dos características distintivas: la capacidad de contar historias sobre cosas que están en su mente y no en el mundo sensible (como esa persona con cabeza de león representada en la estatuilla); y la capacidad de cooperar con otros.

Para el historiador, desde luego, resulta innegable que cinco chimpancés tienen más posibilidades de sobrevivir en una isla desierta que cinco humanos. Pero si tuviéramos diez mil chimpancés y diez mil seres humanos en esa isla, seguramente estos últimos prevalecerían. ¿Por qué? Según Harari, porque pueden organizarse en grandes grupos *imaginando* clanes, tribus, dioses, patrias, monedas… (todos elementos creados mediante la imaginación) y porque pueden emplear esos conceptos para alinear sus esfuerzos. Las creencias derivadas de los entes imaginados han permitido a los individuos de la especie aglutinarse para cooperar masivamente unos con otros de manera flexible en pos de su supervivencia.

Al respecto, es importante subrayar la masividad y la flexibilidad en ese movimiento humano de cooperación. Lobos, leones y otros animales que se desenvuelven en grupo cuyos integrantes desempeñan roles diferenciados, actúan de manera cooperativa. Pero sus agrupaciones suelen tener un número reducido de individuos y sus propósitos como conjunto son rígidos, o sea, son los mismos generación tras generación: proveerse el alimento (cazando, carroñando, libando flores y así según corresponda), aprovechar adecuadamente los recursos obtenidos, asegurar la reproducción de la especie, cuidar las crías, mantener la cohesión interna… Los seres humanos, en cambio, somos capaces de tender redes de cooperación masiva. En el transcurso de la historia, hemos creado diversas maneras de asociarnos con el fin de alcanzar objetivos que han ido cambiando. No se sabe de abejas que hayan acabado con su reina para organizar el panal de otra manera, pero sí conocemos acerca de la Revolución Francesa o de la emancipación de las colonias americanas. La escala y la flexibilidad de la cooperación, así como la imaginación humana, explican las sucesivas reinvenciones del orden social del pasado y las que ocurran en el presente y el futuro.

En síntesis, para Harari, el éxito de nuestra especie se funda principalmente en su capacidad de operar y transformar cooperativamente una realidad dada, tanto objetiva (por ejemplo, la naturaleza) como cultural (por ejemplo, la atribución de una misma dignidad a todos los seres humanos), a partir de una realidad construida y significada por las personas desde su imaginación.

Del Medioevo al mercado de Wuhan

La historia de la humanidad está jalonada por revoluciones no solo políticas sino también tecnológicas. La primera revolución tecnológica fue la agricultura; con ella, de nómades cazadores y recolectores, nos convertimos en grupos sedentarios, transformadores de la naturaleza. Miles de años más tarde, durante los siglos XVIII y XIX, llevamos adelante la segunda y la tercera revolución industrial (posibilitadas respectivamente por la introducción de la máquina de vapor y la incorporación masiva de la ciencia a los procesos productivos). Actualmente, en las primeras décadas del siglo XXI, nos hallamos inmersos en la cuarta revolución tecnológica: la transformación digital.

Desde luego, toda revolución tecnológica no es *solamente* tecnológica. A propósito, conviene recordar la observación de Marshall McLuhan (1911-1980) con respecto a la imprenta, que no solamente permitió abaratar la producción de libros sino que significó instalar la posibilidad de que más personas pudieran leer. La invención de Gutenberg (siglo XV) y la Reforma protestante (siglo XVI), que instituyó el acceso directo de los fieles a la lectura de la Biblia, son acontecimientos indisociables. La imprenta permitió el tránsito de un mundo casi tribal, con predominio del sentido del oído, cuyos saberes, historias y creencias eran transmitidos oralmente por unos pocos a las masas analfabetas a partir de una iconografía creada a tal fin, a un mundo organizado linealmente –como los renglones de un texto–, con requisitos de objetivación y atravesado por ideas tremendamente novedosas para la época, como, por ejemplo, la noción de "punto de vista", que señalaba el nuevo predominio de la vista y, al mismo tiempo, la admisión de la diversidad de pensamientos.

La pandemia de COVID-19 constituye, sin duda, un hito en la historia de la humanidad que está asociado a los cambios tecnológicos operados en los últimos 50 años. El aumento sostenido de la población, la disminución de la pobreza y la urbanización de todo el planeta han sido componentes indispensables de la difusión del coronavirus en todo el mundo en un lapso muy corto. De este modo, una enfermedad que aparece en el mercado de Wuhan en China, se extiende por todo el planeta en tiempo récord, jaqueando hasta los más dotados sistemas de salud y produciendo –entre otros– los siguientes cambios drásticos:

- La actividad económica global quedó –en el mejor de los casos– semiparalizada. Actores de diversa envergadura fueron empujados al límite de sus posibilidades de supervivencia, incluyendo negocios tan distintos como el de las líneas aéreas, las compañías teatrales o la venta ambulante.

- Prácticas sociales institucionalizadas fueron interrumpidas o, cuando menos, obligadas a transformarse de la noche a la mañana. La lista aquí es también muy extensa y heterogénea, comprendiendo actos civiles, rituales religiosos o simplemente tradicionales (celebración de matrimonios civiles, ceremonias religiosas, ritos fúnebres, festejos de cumpleaños y demás). Asimismo, alcanzó a prácticas clave intensamente fomentadas, como las consultas médicas de control y la atención temprana de dolencias; en muchos sistemas sanitarios, la atención de demandas que no estuviesen originadas en una urgencia o un posible caso de COVID-19 fue postergada o suspendida por tiempo indeterminado.

- La educación, institución central de la cultura global contemporánea, probablemente haya llevado la delantera en esta transformación forzada y repentina de sus prácticas. Instrumentando el *e-learning* desde el jardín de infantes a los posgrados universitarios, hasta las instituciones educativas que jamás habían trabajado orgánicamente las implicancias de la enseñanza en un espacio virtual se embarcaron (como pudieron, con más o menos herramientas) en esta migración obligada, aun cuando buena parte de sus destinatarios no tuvieran acceso adecuado a las herramientas informáticas requeridas, produciendo un incremento drástico de la brecha educativa que cada vez más divide a la humanidad. En la Argentina, que alguna vez contó con el mejor sistema educativo de América Latina, significó un nuevo golpe brutal para su oferta de educación primaria y secundaria gratuita, que venía en crisis desde hacía varias décadas.

- El mundo laboral, que desde hace tiempo estaba ensayando el trabajo remoto en diversas actividades y escalas, de pronto se vio urgido a maximizar las posibilidades de su aplicación como una forma de sostener la actividad de las organizaciones (empresarias, del sector público y de la sociedad civil) y los profesionales independientes (como psicólogos o médicos). En muchos casos sin estar del todo calibrada, se implementó esta modalidad a fin de atender la urgencia.

Como advertimos, estos fueron solo algunos de los cambios que el COVID-19, como pandemia, introdujo en nuestro contexto. Es muy probable que aún no lleguemos a percibir los más importantes. Aun así, frente al panorama de rotundas transformaciones, en el momento de la escritura de este libro la humanidad en su conjunto está intentando –con desesperación y de manera colectiva– construir un sentido para todo esto, o sea, está tratando de establecer su significado.

Según advirtió en su momento Peter Drucker, el principal peligro en tiempos como estos no es la turbulencia sino actuar con una lógica de ayer. De hecho, mientras algunos intentan leer la pandemia actual como una reedición de la peste que azotó a Europa en el siglo XIV, cobrándose la vida de unos 25 millones de personas, otros buscan identificar aquellas diferencias que permiten rescatar las singularidades del evento presente. Al respecto, en una entrevista brindada durante el mes de abril, Harari toma posición y afirma: "Esto no es la peste negra" (BBC News Mundo, 2020). ¿Por qué?

En primer lugar, porque hoy podemos entender qué es lo que sucede prácticamente en el término de días. Sabemos que el COVID-19 es una enfermedad acerca de la cual, en apenas unas semanas, ya establecimos su dinámica, genoma, prevalencia según franja etaria y hasta algunas formas bastante efectivas de prevención y tratamiento (incluyendo el lavado de manos[2], el distanciamiento social y la disponibilidad de respiradores artificiales para asistir a los enfermos más graves). Asimismo, para acrecentar estos saberes, disponemos hoy de tecnologías que nos permiten relevar una inmensa cantidad de información sobre la población mediante dispositivos de uso muy extendido (cámaras de seguridad en espacios públicos, *softwares* de reconocimiento facial y geolocalización, teléfonos móviles inteligentes, entre otros) y procesarla rápidamente mediante algoritmos aplicados *ad hoc*.

En segundo lugar, a diferencia de lo que ocurría en la Edad Media, casi toda la humanidad ha dejado de lado la naturalización del sometimiento a una autoridad supuestamente instituida por un designio divino. Aunque no todos los países responden a un orden político republicano y representativo, los formatos autocráticos son, para buena parte de nuestra especie, desvíos o excepciones más que la regla apropiada de una organización social que debe garantizar ciertos valores universalizados, como, por ejemplo, los *derechos humanos*, los *derechos del niño* y el *derecho internacional humanitario*. En tercer lugar, y por último, el combate contra la pandemia encuentra principalmente a los países más desarrollados con una gran cantidad de recursos económicos que podrían eventualmente destinarse a combatirla.

La lógica del explorador

Hemos expresado en los párrafos de arriba, a nivel global, cómo esta pandemia nos ha recordado una vez más que,

---

2 El médico húngaro Ignaz Semmelweis probó a mediados del siglo XIX la naturaleza infecciosa de la fiebre puerperal y la importancia del lavado de manos en su control. En su momento eso significó para él un difícil enfrentamiento con sus colegas, ya que por ese entonces no era aún una práctica establecida utilizar datos estadísticos, como él hacía, para sustentar una hipótesis. Hoy en día, lavarse las manos es un hábito higiénico que se basa en el sentido común.

como dijera Keynes, aunque nos preparemos para lo inevitable, sucede lo inesperado. Vimos también cómo desde el caos y la desorientación, en procesos duros y conflictivos, se van encontrando caminos que finalmente terminan siendo instituidos.

Mutatis mutandis, este proceso no es muy diferente en cada uno de nuestros colectivos y arreglos organizativos. Aunque con algunas ventajas, después de muchos siglos de historia, el camino no deja de ser incierto. Lo real es que nacemos sin manual para el usuario y sin un mapa que nos diga dónde estamos y para qué (si es que hay un para qué). Es nuestra tarea definirlo e insistir en ello repetidamente hasta que finalmente lo podamos creer y dar por supuesto. Esto a nivel global y de cada una de nuestras organizaciones.

¿De dónde surgen entonces los mapas que guían la acción colectiva? ¿O será que la acción colectiva va caminando a ciegas a veces y en base a indicios otras, definiendo los mapas que luego se seguirán? Por algo Winston Churchill, que sabía tanto de fracasos como de triunfos, dijo que el éxito consistía en "aprender a ir de fracaso en fracaso sin desesperarse".

¿La elección de un mapa equivale a trazar una estrategia? En páginas anteriores definimos la estrategia como una teoría acerca de lo que hizo exitosa a la organización en el pasado y una hipótesis sobre qué la hará exitosa en el futuro, con la que se intenta responder a una pregunta difícil. Esta conjetura es de gran utilidad para poner en movimiento a la organización; sin embargo, su eficacia merma en la medida en que se aleja de las prácticas cotidianas porque –recordemos– es allí, en el hacer, donde se produce aquel *crafting*[3] que permite explorar, probar, cambiar, aprender, innovar y hasta modificar la estrategia original. El management debe, por una parte, asegurar este ejercicio permanente de contrastación empírica dando lugar al

---

3   *Cfr.* Capítulos 1 y 5.

surgimiento de los liderazgos pertinentes, y, por otra, sostener el seguimiento y el empleo de los resultados obtenidos como insumos centrales para la elaboración (*crafting*, también) del plan estratégico.

La experiencia suele mostrar que quienes están más cerca de la situación que se debe abordar, con frecuencia entienden muy bien qué posibilidades reales de actuar tiene la organización y qué le está demandando el contexto; es decir, esas personas suelen tener una mayor conexión y contacto con el problema a resolver, con "la pregunta difícil". Por eso, las estrategias se construyen sobre dos pilares: uno es el plan, la respuesta diseñada deliberadamente; el otro es lo emergente, lo que se descubre una vez que ya es un hecho. Esto significa que las estrategias no solo se trazan, sino que también se descubren.

La pandemia de COVID-19 ha devenido en un colosal ejercicio planetario de exploración. A escala internacional, está poniendo de manifiesto la calidad de las redes políticas y económicas, y sus interrelaciones. Algo similar ocurre a nivel de las naciones y de las organizaciones. Los vínculos sociales se encuentran en plena revisión y reevaluación. A fin de hallar cursos de acción que nos permitan afrontar esta realidad sin precedentes, como señala Harari, es preciso que emerjan liderazgos que ayuden a instituir reglas de juego claras: respeto a los valores de libertad, igualdad y fraternidad, solidaridad global y empoderamiento ciudadano. Aunque no tenemos idea de cómo ni cuándo sucederá, es difícil creer que esta movida no altere lenta o bruscamente muchos de los supuestos básicos sobre los que funcionan nuestras organizaciones.

¿Se observa una estrategia de salida bien definida? Todavía no, apenas hipótesis elementales en diálogo, como, por ejemplo, cuarentena y distanciamiento social *versus* vida social y económica normal, inmunidad de rebaño y búsqueda de una vacuna. Esto no parece un déficit de nuestra capacidad de afrontar el desafío actual sino precisamente lo que ocurre cuando se explora: la acción precede al pensamiento, mientras que el entendimiento y el aprendizaje llegan después. Por eso, por lo general, las estrategias tienen esa marca indeleble de descubrimiento retrospectivo.

La pandemia ha funcionado como un tsunami planetario. ¿Hasta dónde llegarán los destrozos? ¿Es hora ya de empezar a recoger los restos o de prepararnos para resistir y superar este momento? ¿Cuándo comenzar la reconstrucción? ¿Qué medidas de contingencia convertiremos en nuevas prácticas políticas, económicas, sociales? Cualquiera sea el estadio de desarrollo de la pandemia, necesitamos empezar a imaginar el orden, que no es otra cosa que el intento colectivo de construir sentido.

Frente a cualquier acontecimiento imprevisible, sea de escala global o a nivel de las organizaciones, la acción impulsada desde un sentido elaborado colectivamente exige establecer vínculos de confianza y legitimar la innovación, esto es, el ensayo de nuevas prácticas de abordaje. Evitar el recelo metódico (que suele inocular altas dosis de conservadurismo) y habilitar la improvisación inteligente son con frecuencia las tácticas más efectivas para circular por donde no hay caminos.

Como señalamos en el Capítulo 6 con respecto a la capacitación, la viabilidad de una estrategia (entendida como hipótesis) depende para su implementación del grado de acuerdo entre los involucrados y su factibilidad. El sentido construido colectivamente y compartido son condición *sine qua non* de cualquier hacer, sea para enfrentar una pandemia, el ingreso de una empresa a un nuevo negocio, la digitalización de las prácticas educativas o la incorporación del *fundraising* al funcionamiento de una organización no gubernamental. Y no es en vano subrayar, una vez más, que ese sentido compartido no se inicia con una orden dada por la autoridad, sino a partir de la discusión y el intercambio;

la autoridad puede a lo sumo establecer las reglas de juego y ordenar las conclusiones de esa discusión. Desde luego, esto significa cierto grado de conflicto, de lucha entre posiciones diversas y hasta enfrentadas. En cualquier caso, ninguna forma social, grande o pequeña, puede ir más lejos de la cantidad y calidad del conflicto que pueda manejar.

Como toda especie que busque seguir siendo seleccionada por su ambiente, debemos generar variedad a fin de adaptarnos. La unanimidad de ideas y –aun más grave– la rigidez en las prácticas resultan letales en un entorno siempre dinámico, mientras que la diversidad muy probablemente contenga la respuesta adaptativa adecuada. La estrategia no debe pensarse como la definición de un conjunto de objetivos inamovibles. Trazar una estrategia es afrontar que no se sabe qué hay que hacer y, por tanto, construir los mecanismos para manejar el sano conflicto interno siendo conscientes de las fortalezas y debilidades propias de cara a los desafíos que plantea el entorno.

Cuando miramos nuestras trayectorias personales retrospectivamente, muchas veces descubrimos que un número significativo de grandes y pequeños sucesos imprevistos desempeñaron un papel importantísimo en la definición de nuestro derrotero y la constitución de nuestra identidad. En ocasiones, nos damos cuenta de que un obstáculo nos movió a ensayar caminos impensados que nos condujeron a horizontes nunca antes imaginados. Y también, que algunos griales nos resultaban sensiblemente menos interesantes vistos de cerca. La improvisación, el permiso para decirnos "pruebo a ver qué pasa", nos condujo a aciertos y errores, de los cuales –si nos dimos el tiempo de revisarlos– aprendimos lecciones inolvidables. Todos hemos experimentado esa decisión que pensamos como un alto en el camino para estirar las piernas y terminó por convertirse en nuestro destino. Procesos similares a estos experimentan muchas organizaciones, las que descubren que algunas de sus mejores jugadas surgieron de ese margen de improvisación, de un permiso de innovación.

Nadie sabe tanto como para no necesitar aprender en el camino. Nadie sale a caminar sin tener en mente al menos una idea remota de adónde quiere ir. En el siglo XXI y particularmente en estos nuevos años 20, necesitamos volver a mirarnos como organización, como sociedad, como especie global.

Es preciso que revisemos sin prejuicios cómo somos, qué hacemos bien y qué hacemos mal, qué convendría preservar y seguir haciendo, y qué requiere de una profunda transformación. No debemos encandilarnos con nuestras organizaciones tal como son ahora; alguien (no sé quién) dijo: "No confíes en las organizaciones, ellas no tienen un alma que salvar ni un trasero que proteger". Es cierto, las organizaciones son –cada una de ellas– una prueba, un ensayo a mejorar. Es imprescindible redescubrir lo que sabemos hacer a fin de usarlo para hacer lo que –por ahora– no hacemos. Avancemos en este viaje con la lógica del explorador que, aunque no sepa lo que busca, sabe cuándo lo ha encontrado.

Bibliografía

Argote, Linda y Miron-Spektor, Ella. "Organizational Learning: From Experience to Knowledge". *Organization Science* 22, Nº 5 (2011), pp. 1123-1137.

Argyris, Chris. "Teaching Smart People How32 to Learn". *Harvard Business Review*, Nº 69 (1991), pp. 99-109.

Asch, Solomon. *Social Psychology*. Englewood Cliffs: Prentice Hall, 1952.

Baquero, Ricardo. *Vigotsky y el aprendizaje escolar*. Buenos Aires: Aiqué, 1997.

Baron, David P. "Integrated Strategy: Market and Non-Market Components". *California Management Review* 37, Nº 2 (1995), pp. 47-65.

Bateson, Gregory. *Steps to an Ecology of Mind*. Nueva York: Ballantine Books, 1972.

BBC News. *¿Qué capacidad de armamento tiene el Grupo de Ataque* Carl Vinson, *desplegado por Estados Unidos hacia la península de Corea?* 11 de abril de 2017.

—. *Cómo es el portaaviones nuclear* Carl Vinson *y qué mensaje envía Estados Unidos a China con su histórico paso por Vietnam*. 5 de marzo de 2018. https://www.bbc.com/mundo/noticias-internacional-43293021 (último acceso: 6 de enero de 2020).

BBC News Mundo. *Yuval Noah Harari: Esto no es la peste negra. No es como si la gente muriera y no tuviéramos ni idea de qué les mata*. 10 de abril de 2020. https://www.bbc.com/mundo/noticias-52247987 (último acceso: 4 de mayo de 2020).

Bechky, Beth A. "Sharing Meaning Across Occupational Communities: The Transformation of Understanding on a Production Floor". *Organization Science* 14, N° 3 (mayo-junio de 2003), pp. 312-330.

Brown, John Seely y Duguid, Paul. "Organizational Learning and Communities-of-Practice: Toward a Unified View of Working, Learning, and Innovation". *Organization Science* 2, N° 1, Special Issue: *Organizational Learning: Papers in Honor of (and by) James G. March* (1991), pp. 40-57.

Burgelman, Robert. *Strategy is Destiny. How Strategy Making Shapes a Company´s Future.* Nueva York: The Free Press, 2002.

Cohen, M.D. y March, J.G. "Leadership in Organized Anarchy". En *Leadership and Ambiguity*, de M.D. Cohen y J.G. March. Boston: Harvard University Press, 1986.

Cook, S.D.N. y Seely Brown, John. "Bridging Epistemologies: The Generative Dance Between Organizational Knowledge and Organizational Knowing". *Organizational Science* 10, N° 4 (julio-agosto de 1999), pp. 381-400.

De Bono, Edward. *The Mechanism of Mind.* Baltimore: Penguin, 1969.

Engeström, Yrjö y Sannino, Annalisa. "Studies of Expansive Learning: Foundations, Findings and Future Challenges". *Educational Research Review* 5, N° 1 (2010), pp. 1-24.

Ghebreyesus, Tedros Adhanom. *Alocución de apertura del Director General de la OMS en la rueda de prensa sobre la* COVID-19 *celebrada el 11 de marzo de 2020.* https://www.who.int/es/dg/speeches/detail/who-director-general-s-opening-remarks-at-the-media-briefing-on-covid-19—11-march-2020 (último acceso: 28 de abril de 2020).

Gore, Ernesto. *Conocimiento colectivo. La formación en el trabajo y la generación de capacidades colectivas.* Buenos Aires: Granica, 2003.

—. *El próximo management. Acción, práctica y aprendizaje.* Buenos Aires: Granica, 2012.

— y Gingold, Laura. "El talento no falta". *Clarín,* 1 de junio de 2018.

— y Vázquez Mazzini, Marisa. *Hacer visible lo invisible. Una introducción a la formación en el trabajo.* Buenos Aires: Granica, 1996.

—. "El talento invisible en las organizaciones". *La Nación,* 29 de octubre de 2017.

Hannan, Michael T. y Freeman, John. "The Population Ecology of Organizations". *American Journal of Sociology* 82, N° 5 (marzo de 1977), pp. 929-964.

Harari, Yuval Noah. *Sapiens. De animales a dioses. Breve historia de la humanidad.* Madrid: Debate, 2015.

Heifetz, Ronald A. *Leadership Without Easy Answers.* Cambridge (Mass.): Harvard University Press, 1994.

— y Laurie, Donald J. "The Work of Leadership". *Harvard Business Review*, enero de 1997.

Hersey, Paul y Blanchard, Ken H. *Management of Organizational Behavior: Utilizing Human Resources*. 3ª ed. Nueva Jersey: Prentice Hall, 1977.

Katzenbach, Jon R. y Smith, Douglas K. *The wisdom of Teams. Creating The High-Performance Organization*. Boston: Harvard Business Review Press, 1993.

Laloux, Frederic. *Reinventing Organizations. A Guide To Creating Organizations Inspired By The Next Stage of Human Consciousness*. Bruselas: Nelson Parker, 2014.

Lave, Jean y Wenger, Étienne. *Situated Learning. Legitimate Peripheral Participation*. Cambridge: Cambridge University Press, 1991.

Lawrence, Paul R. y Lorsch, Jay W. "Differentiation and Integration in Complex Organizations". *Administrative Science Quarterly* 12, Nº 1 (junio de 1967), pp. 1-47.

Lepak, David y Snell, Scott. "The Human Resource Architecture: Towards a Theory of Human Capital Allocation and Development". *Academy of Management Review* 24, Nº 1 (1999), pp. 31-48.

Lombardo, Michael M. y Eichinger, Robert W. *The Career Architect Development Planner*. Minneapolis: Lominge, 1996.

Mintzberg, Henry. "Crafting Strategies". *Harvard Business Review*, julio-agosto de 1987, pp. 66-74.

Nonaka, Ikujiro; Toyama, Ryoko, y Byosiere, Philippe. "A theory of Organizational Knowledge Creation: Understanding The Dynamic Process of Creating Knowledge". En *Handbook of Organizational Learning and Knowledge*, de Meinolf Dierkes, Ariane Berthoin Antal, John Child e Ikujiro Nonaka, pp. 487-513. Oxford: Oxford University Press, 2001.

— y Takeuchi, Hirotaka. *The Knowledge Creating Company*. Oxford: Oxford University Press, 1995.

O'Reilly, Charles A. y Tushman, Michael L. "The Ambidextrous Organization". *Harvard Business Review*, abril de 2004, pp. 74-83.

Perkins, David N. *El aprendizaje pleno. Principios de la enseñanza para transformar la educación*. Barcelona: Paidós, 2010.

— y Salomon, Gavriel. "Teaching for Transfer". *Educational Leadership* 46, Nº 1 (septiembre de 1988), pp. 22-32.

Polanyi, Michael. *The Tacit Dimension*. Londres: Routledge, 1966.

Popper, Karl R. "of Clouds and Clocks. An Approach To The Problem of Rationality and The Freedom of man". En *Objective Knowledge. An Evolutionary Approach*, de Karl R. Popper, pp. 206-255. Nueva York: Oxford University Press, 1979.

Puiggrós, Adriana y Gagliano, Rafael. *La fábrica del conocimiento. Los saberes socialmente productivos en América Latina*. Rosario: APPEAL-Homo Sapiens, 2004.

Rousseau, Denise M. *Psychological Contracts in Organizations. Understanding Written and Unwritten Agreements*. Thousand Oaks, CA: Sage, 1995.

Schein, Edgar H. "Kurt Lewin'S Change Theory in The Field and in the Classroom: Notes Toward a Model of Managed Learning". *Systems Practice* 9, Nº 1 (1996), pp. 27-47.

Schön, Donald Alan. *El profesional reflexivo. Cómo piensan los profesionales cuando actúan*. Barcelona: Paidós, 1982.

Smith, Ken. "An Intergroup Perspective on Individual Behavior". En *Perspectives on Behavior in Organizations*, editado por Richard J. Hackman, Edward E. Lawler y M. Lyman, pp. 397-408. Nueva York: McGraw-Hill, 1983.

Tuckman, B.W. "Developmental Sequence in Small Groups". *Psychological Bulletin* 63, Nº 6 (1965), pp. 384-399.

Wallerstein, Robert S. y Sampson, Harold. "Issues in Research in the Psychoanalytic Process". *The International Journal of Psychoanalysis* 52 (1972), pp. 11-50.

Weick, Karl E. *Sensemaking in organizations (foundations for organizational science)*. Thousand Oaks: Sage, 1995.

Weick, Karl E. "Substitutes for strategy". En *Making Sense of The Organization*, de Karl E. Weick. Oxford: Blackwell, 2001.

—. *The social Psychology of Organizing*. Nueva York: Random House, 1979.

— y Roberts, Karlene H. "Colective Minds in Organizations: Heedful Interrelating on Flight Decks". *Administrative Science Quarterly* 38, Nº 3 (septiembre de 1993), pp. 357-381.

— y Sutcliffe, Kathleen M. *Managing The Unexpected: Resilient Performance in The Age of Uncertainty*. 2ª ed. San Francisco: Jossey-Bass, 2007.

— y Westley, Frances. "Organizational Learning: Affirming An Oxymoron". En *Handbook of organization studies*, de Stewart R. Clegg, Cynthia Hardy, Thomas B. Lawrence y Walter R. Nord, pp. 440-458. Thousand Oaks, CA: Sage Publications, 1996.

Wenger, Étienne. *Comunidades de práctica: aprendizaje, significado e identidad*. Barcelona: Paidós, 2001.